职业教育家具设计与制造专业教学资源库建设项目配套教材

家具
导购员实操

张常萍　吕洋毅　主　编
魏欣越　曹俊杰　姚爱莹　副主编
马　磊　衣　明　周志新　参　编
刘保滨　主　审

中国轻工业出版社

图书在版编目（CIP）数据

家具导购员实操 / 张常萍，吕洋毅主编. —北京：中国轻工业出版社，2021.12

ISBN 978-7-5184-3625-5

Ⅰ. ①家… Ⅱ. ①张… ②吕… Ⅲ. ①家具—销售 Ⅳ. ①F724.785

中国版本图书馆CIP数据核字（2021）第163893号

责任编辑：陈　萍　　责任终审：李建华　　整体设计：锋尚设计
策划编辑：陈　萍　　责任校对：吴大朋　　责任监印：张　可

出版发行：中国轻工业出版社（北京东长安街6号，邮编：100740）
印　　刷：艺堂印刷（天津）有限公司
经　　销：各地新华书店
版　　次：2021年12月第1版第1次印刷
开　　本：787×1092　1/16　印张：9.25
字　　数：265千字
书　　号：ISBN 978-7-5184-3625-5　定价：49.00元
邮购电话：010-65241695
发行电话：010-85119835　传真：85113293
网　　址：http://www.chlip.com.cn
Email：club@chlip.com.cn
如发现图书残缺请与我社邮购联系调换
200613J2X101ZBW

职业教育家具设计与制造专业
教学资源库建设项目配套教材编委会

前言

近年来，中国家具行业发展迅猛，产业转型升级加速，各企业要想在家具行业转型升级的关键时期高质量快速发展，就要创新管理模式、注重品牌经营及终端发展，而企业品牌经营与终端顾客培养的关键在于家具导购员。导购员的一言一行展示了企业文化理念，导购员的销售能力在一定程度上影响着企业的发展，而现在家居卖场中导购员缺口大，且一部分导购员素质水平及专业能力不理想，企业急需专业的家具导购人才。

黑龙江林业职业技术学院家具设计与制造专业首开“家具导购员实操”课程，负责该课程的团队人员始终与行业、企业保持密切联系，从家具导购员岗位调研中梳理出新的用人需求，结合国家专业教学标准、专业人才培养方案、顶岗实习标准等，重构课程内容，校企合作积累了成熟的教学经验，并取得了一定的成果。2018年，校企共建教育部职业教育家具设计与制造专业“家具导购员实操”课程教学资源库，同时开发与课程配套的教学资源和注重导购员技能培养的教材。

本教材坚持以职业能力培养为本位，以职业活动为导向，基于工作过程进行课程开发，将企业的典型工作案例编入其中，突出教材的实践性，同时教材融入“职业道德”“工匠精神”等思政要素，在培养学生掌握专业技能的同时，培养其团队合作能力，恪守职业道德，践行爱岗敬业。本教材融入大量视频资源，丰富和完善了教材内容，可及时更新，方便读者学习。

本教材由张常萍、吕洋毅主编。张常萍负责编写大纲、设计教材体系、统稿及编写概述、情境一、情境二、情境五、情境六，吕洋毅负责编写情境三及附录一，魏欣越负责编写情境七、情境八，曹俊杰负责编写附录二，姚爱莹负责编写情境四，刘保滨负责审核，衣明、周志新参与了材料整理与编辑。同时，本教材特邀北京金隅天坛家具股份有限公司经理马磊参与编写，并提供企业技术资料。本教材参考了大量资料，在此向所有提供参考资料的单位和个人表示诚挚的谢意。由于编者水平有限，书中难免有不足之处，恳请读者批评指正。

张常萍

2021年7月

目录

家具导购员职业概述

导入案例：两个“相同”的导购员。

某家具店面导购员小张和小李年纪相同，学历相同，同时进入该店面工作，经过两年时间，导购员小李晋升为店长，而小张还是个普通导购员，是什么拉开了两个人的距离呢？我们来看一下二人的日常表现吧！

两个“相同”的导购员

表 0-1　　导购员日常表现

表现	导购员小李	导购员小张
入职初心	热爱岗位，实现个人价值	本职业可以赚钱，可以聊天
精神面貌	每天对着镜子整理自己仪容仪表，为自己加油打气，整日精神状态良好，可以感染顾客	每天匆忙化妆，早会迟到，整日无精打采
日常工作	兢兢业业，吃苦耐劳，发扬工匠精神，认真解决顾客问题，帮助顾客选择适合的家具	接待顾客以业绩为目的，慵懒散漫，不能解决顾客问题
工作之余	整理顾客档案，学习充实自己等	下班就出去玩乐，拒绝学习

通过对比入职初心和两年来的工作表现，我们可以发现两位导购员对于自己的角色定位、职业道德、业务素质要求等方面认知都不一样，其实在工作中，只有像小李这样不断学习业务知识，积累经验，充实自己，用心服务，才能实现自身价值。干一行就要爱一行，爱一行就要专一行，专一行才能做出业绩。

一、职业定位

家具属于耐用消费品，家具导购员不是只负责售卖家具，而是承担多个角色，是兼家具产品销售、品牌形象代言、美化顾客家居生活、顾客心理分析、环保倡导、市场调研等多种身份的综合角色。

1. 家具产品销售专家

家具导购是品牌的销售人员，设计优良、宣传策划精准的产品最终由家具导购员销售，企业资金链的良性循环依赖于导购员良好的销售业绩；同时，家具导购员实现个人价值、获得报酬也主要来源于销售业绩，所以作为家具导购员首先要有强烈的销售意识。家具不是快消品，顾客购买家具产品周期相对较长，如果导购员不具备强烈的销售意识，只等待顾客主动成交，那么会失去很多成交机会。家具导购员应把家具产品销售作为自己的重要职责，挖掘销售机会，提升销售敏感度，促成家具产品销售，成为销售专家。

2. 品牌形象代言人

家具导购员是家具品牌的形象代言人，其言谈举止、一言一行不仅代表着自己，也代表着企业形象，要时刻注意自己的仪容仪表、服务态度、专业水准等，做到以礼相待，把最好的服务提供给顾客，正确宣扬公司企业文化、品牌理念等。

3. 顾客家居美化师

顾客购买家具产品，除了满足其使用功能外，更多想要寻求一种生活方式，美化家居环境，提升生活品质。家具导购员不只售卖家具产品，而是为顾客营造一个有品质的家居氛围，做顾客的家居美化师。家具导购员需要在日常工作学习中不断积累专业知识，如风格搭配、色彩设计等，能够为顾客所选购的家具提供有关配饰及设计上的指导。

4. 顾客心理分析师

博恩·崔西说过："销售的成功与销售人员对人心理的把握有着密不可分的联系"，不懂消费者的心理就做不好销售。在销售过程中，最重要的不是把产品推出去，而是把顾客"引"进来，就是让顾客主动来买。所以家具导购员需要学会分析顾客消费心理，平时需要多学习消费心理学知识，积累经验，学会站在顾客的角度看问题，赢得顾客的信任。

5. 环保倡导者

随着人们生活水平的提高，追求绿色环保生活，注重家具健康环保，也曾有新闻报道过使用不环保家具造成严重后果等情况，不环保的家具危害人的健康，影响整个家庭的幸福生活。家具导购员要注意家具产品环保检测，杜绝把不环保的家具卖给顾客，同时，日常生活中提升环保意识，致力打造健康环保的生活环境。

6. 市场调研员

家具导购员作为卖场一线工作人员，每日与顾客进行沟通交流，最容易收集顾客需求信息，如顾客对产品的喜爱程度、顾客的产品需求以及顾客对竞品的态度等，可以收集信息做数据分析，形成总结报告反馈给公司，公司根据报告结果进行产品研发及改良，进而形成一个良性循环。

二、职业道德

家具导购员职业道德指在职业活动中应遵循的职业行为准则和规范。良好的职业道德是每一个员工必须具备的基本品质，是企业对员工最基本的规范和要求。家具导购员所遵循的职业道德有爱岗敬业、诚实守信、礼貌待客、廉洁自律等。

1. 爱岗敬业

爱岗敬业是指忠于职守的事业精神，这是职业道德的基础。爱岗就是热爱自己的工作岗位，热爱本职工作，敬业就是要用一种恭敬严肃的态度对待自己的工作。爱岗敬业不仅是家具导购员个人生存和发展的需要，也是企业存在和发展的需要，是一种普遍的奉献精神。

2. 诚实守信

诚实是做人的基本原则，是美好品德的核心，是各种良好品格的基础。诚实就是实事求是，表里如一，说实话，做实事，不虚伪，不夸大其词，不文过饰非。守信就是讲信用，守信誉。家具导购员对产品负责，实事求是描述产品，注重给顾客的承诺，培养诚实守信的观念，忠于自己的职业，信守自己的承诺。

3. 礼貌待客

中华民族文化源远流长，在五千年的历史长河中，创造了灿烂的文化，形成了高尚的道德准则、完整的礼仪规范和优秀的传统美德，被世人称为“文明古国，礼仪之邦”。家具导购员接待顾客时要以礼相待，学会识礼、学礼、懂礼、行礼。

4. 廉洁自律

导购员商务往来频繁，需要增强廉洁自律意识，培养良好的职业道德，在工作中时刻保持清醒的头脑，规范自己的行为，维护自身和企业形象。

三、业务素质要求

1. 熟悉品牌信息

家具导购员想要实现成交，必须对品牌情况熟知于心，包括企业文化，家具文化，家具材料、风格、功能、五金、结构、工艺、价格、尺寸、售后服务等。当顾客询问时可以快速为其提供服务，同时知晓竞品品牌相关信息，当顾客提出竞品异议时，可以快速应对，突出本品优势。

2. 熟记家居基础知识

家具导购员不仅要熟悉产品信息，同时要熟记家居基础知识，例如如何判断家具是否环保、环保标准是什么、如何判断家具打磨工艺好坏、如何判断家具表面涂饰好坏、常用的漆有哪些、如何辨别五金件的好坏、哪种红木适合做家具、哪种木材可以消除异味、榫卯结构有哪些、什么结构比较牢固、家具与家饰的色彩如何协调、常见的家具风格有哪些等，以上问题导购员都应该有所了解，从而为顾客提供更好的服务。

3. 具有良好的沟通能力

与顾客的沟通是否流畅自然？沟通的对象是否正确？家具的核心卖点是否介绍给了顾客？是否解决了顾客的异议？只有具有良好的沟通能力，才能营造一个轻松的交流环境，让成交顺其自然，家具导购员要不断提升自己的沟通能力。

4. 具备熟练的销售技能

家具导购员是否能快速拉近与顾客的距离，让顾客有信赖感？家具导购员是否能把产品的核心卖点展示给顾客？是否能够解决顾客提出的异议？是否能够使用成交方法促进顾客成交？家具导购员需要不断打磨自己的销售技能，把产品销售给需要的顾客。

情境一 销售准备

学习目标

通过本情境的学习，了解销售工具的重要性，掌握销售准备的内容；能够根据接待环节选择适合的销售工具、根据店面要求做好家具卫生清洁、营造店面氛围；通过销售准备学习，培养在工作中吃苦耐劳的精神，同时培养发现问题、解决问题的能力，提升审美素养。

任务一 销售工具准备

《论语 · 卫灵公》中："工欲善其事，必先利其器"，工匠想要使他的工作做好，一定要先让其工具锋利，也比喻要做好一件事准备工作非常重要。家具导购员要不断打磨、丰富自己的销售工具，精益求精，匠心服务顾客，提高服务意识，让顾客享受更好的购物体验。

一、销售工具

家具导购员有多种多样的工具，大到卖场环境的氛围，小到计算器、尺子、小礼品等，正确使用这些工具，可以起到事半功倍的作用。

（一）随身必备工具

1. 身份牌

身份牌，简称名牌，员工在其工作岗位时佩戴，用以说明本人具体身份，进行自我监督，同时也方便服务对象更好地寻求帮助或对其进行监督，身份牌如图1-1所示。

使用身份牌注意事项：首先是佩戴到位，身份牌通常别在左侧胸前；其次是完整无缺，在工作岗位上，身份牌是个人形象的重要组成部分之一，应认真爱护，凡出现破损、污染、折断、掉角、掉字等情况，应及时更换。

2. 整理夹

整理夹用于存放名片、预算本或价格本、计算器、产品意向单或预约量尺申请表、尺子等，如图1-2所示。

图1-1　身份牌

图1-2　整理夹

图1-3　名片

（1）名片

名片是为企业和导购员自己宣传以及自我介绍的最有效方法，更重要的是要让顾客记住导购员，在顾客想买家具或有一些售后问题时，能够及时联系导购员，进而解决问题。在赠送名片的同时也应礼貌地向顾客索要联系方式，积累人脉，扩大顾客群体，如图1-3所示。

（2）预算本或价格本

获取顾客提供的户型图后，做全屋规划布局和报价预算，如图1-4所示。

（3）计算器

计算器是必不可少的，为顾客选中的家具做好报价非常重要，如图1-5所示。

（4）产品意向单或预约量尺申请表

与顾客一起看家具时，记录顾客有意向购买的家具或确定去顾客家量尺时间，更好地为顾客做好产品配置规划，如图1-6所示。

（5）尺子

可以准确说出家具的尺寸，也可以让顾客亲自测量，尺子如图1-7所示。

（6）笔

准备两支笔，防止一支笔出现不好用的情况，如图1-8所示。

3. 平板电脑

平板电脑内存储各种风格系列的效果图以及服务过的客户的安装效果展示图，让顾客在感受卖场布置氛围的同时，也可以有多种选择，最终挑选出最中意的居家布置空间，如图1-9所示。

品名	空间	单位	单价
餐台	标准尺寸	个	
椅子		个	
茶几	1.5m 以内	个	
电视柜	2m 以内	m	

图1-4　价格单

图1-5　计算器

编号	品名	颜色	规格/尺寸	单位	数量	单价	小计	参考图片
1							0	
2							0	
3							0	
4							0	
联系电话:					合计:			
备注：以上产品报价含普通发票.免费送货安装.所有产品非人为损坏情况下三年免费维修								

图1-6　产品意向单

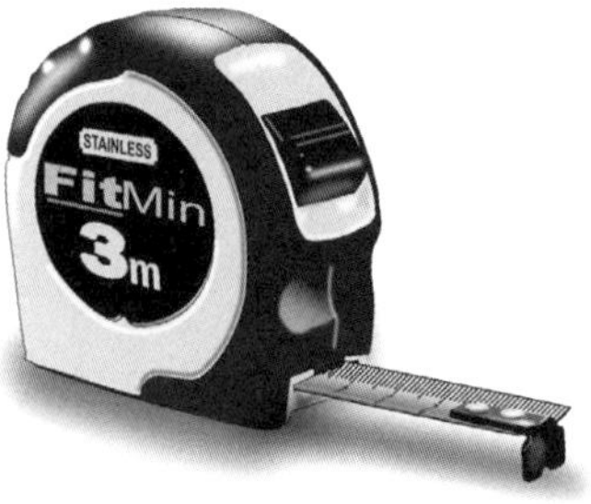

图1-7　尺子

图1-8　笔

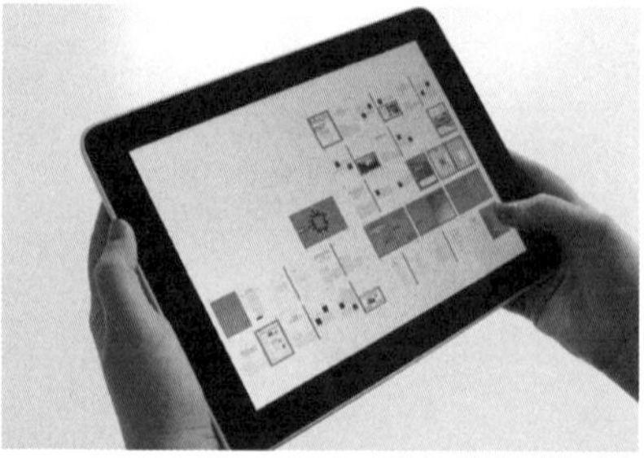

图1-9　平板电脑

（二）店面陈设工具

除了必备的随身携带工具，还需熟悉、掌握店面其他陈设工具的位置，可以更好地帮助我们完成任务。

1. 荣誉证明

（1）企业实力证明类

所有板材、五金等授权证书、检测报告等，让顾客放心使用我们的材料，买到货真价实又环保的家具，如图1-10所示。

（2）荣誉证书类

企业获得的资质证书、店面获得的荣誉证书、个人获得的业绩奖励，让顾客相信企业的实力和服务人员的能力，如图1-11所示。

（3）顾客反馈证明类

顾客的感谢信、锦旗等实物或照片展示，让顾客相信我们的品牌用户好感度，如图1-12所示。

（4）企业文化类

企业文化墙或者企业文化循环播放，让顾客更好地认可我们的企业文化，进而认可我们的产品。

2. 样品架

放置不同色系、不同质感、不同处理效果的板材、布艺、五金件、漆膜效果以及封边工艺等产品样块，帮助顾客挑选自己喜欢的家居用品，还需放置与竞品对比的各种材料、工艺等产品样块，让顾客真实感受、对比选择，如图1-13所示。

图1-10　实力证明类

图1-11　荣誉证明类

图1-12　顾客反馈证明类

图1-13　样品架类

3. 休闲娱乐类

休闲娱乐类设施能满足不同人群的需求，从而让其有时间或心情去听你讲解家具，方便自己，也让顾客舒心。

（1）食品类

多种口味的饮品、零食等，如图1-14所示。

图1-14　食品类

（2）儿童玩具类

让家长的注意力从孩子身上转移到家具上，所以应该准备游戏空间和儿童玩具，如图1-15所示。

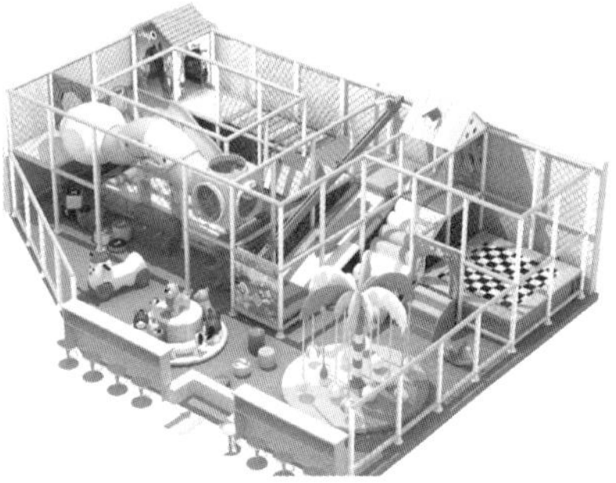

图1-15　儿童玩具类

（三）宣传册及小礼品

产品宣传册可以充分展示我们的设计理念以及对品质的追求和我们对居家空间的布置，找出适合顾客的设计，如图1-16所示。在顾客离店时送一些小礼物，让顾客开心的同时也能充分展现企业实力，如图1-17所示。

图1-16　宣传册

（四）DIY工具

自己动手操作的一些工具也是至关重要的，经过长期实践经验积累，可以根据店面以及个人能力，尝试增加自己的销售工具。

1. DIY销售工具

销售古典家具时使用鲁班尺，对家具进行测量，通过吉祥数字等摆放使得顾客满意，进而促使成交。例如某品牌家具金牌导购员小李，记住了店面所有家具尺寸以及鲁班尺上的数字，为顾客家量尺寸时，可以熟练地告诉顾客尺寸及代表的美好寓意，她用勤奋的品质不断打磨销售工具，提升顾客产品体验，她精益求精的工匠精神、顾客至上的服务理念是其成为金牌导购员的关键，值得每个人学习。

图1-17　小礼物

如果擅长手绘，可以带手绘夹，随时向顾客展示需要的设计点，如图1-18所示。

图1-18　DIY销售工具

图1-19　实用客户端

2. 实用客户端

手机里还可以安装家装客户端，例如好好住、设计本等，无论是装修还是优化家居，你都可用这些实用客户端与顾客一起寻找灵感，如图1-19所示。

二、案例展示

（随身携带尺子促进成交案例）

大家好，我是××家具的导购员，在红木家具卖场工作三年后，我根据店面家具及顾客需求，积累和总结了一套自己常常使用的销售工具，这些销售工具的使用，常常助力我快速签单，可以说是我的销售利器。即使手里没有其他任何销售工具，我一定会随身携带尺子，我跟大家分享一下我用尺子成交的案例。

作为一名导购员，熟记产品尺寸是非常必要的，同时也能够赢得顾客信赖，在报产品尺寸的同时，用尺子拉一下，让顾客眼见为实。有一次接待了一对夫妻，他们需要一个地柜，用来放先生的一些音响设备。他们问了其中一款地柜的长度，我回答2.4m的同时用尺子量给他们看，毫无出入。这时女士对先生说："应该和我们刚才看的那家一样长，也说2.4m，我怎么感觉那个要比这个长呢？2.4m我们正好放得下，就要这个吧。"没怎么讲价就成交了。顾客往往对没有亲眼见到的事物会产生怀疑，这当然也会影响其购买决定。所以，我每次在给顾客报尺寸时，一定要让顾客参与其中，让顾客亲眼看到、亲身感受到。

拓展训练

针对店面家具，为自己准备一套家具销售工具，说明工具种类和用途。

任务二　店面环境布置

店面环境好坏，直接影响到顾客对店面的第一印象。

一、家具要求

（一）家具及配饰清洁

家具直接在展厅展示，极容易沾染灰尘、异物等，所以家具导购员需要对家具及配饰进行清洁保养，需要及时擦拭家具，如图1-20所示。不同的家具擦拭有讲究，细节上需要注意。

1. 工具选择

清洁保养家具的时候，需要借助一些工具，常用的工具是抹布。选择抹布的时候，一定要确定所选的抹布干净，最好是棉布、棉织布等吸水性好的布料。不同材质家具对抹布的湿度要求也不同，如用七分干的抹布来擦拭红木家具。在擦拭带有布料材质的家具时，如布艺沙发、休闲靠垫等，可以用清洁保养剂。先用吸尘器将灰尘吸除，再将少量清洁剂喷在湿布上擦拭。

2. 擦拭方法

用抹布擦拭家具的时候，不要一直用一面来擦拭，这一面在重复擦拭中已经被弄脏，若继续用这一面擦拭，只会使污物反复在家具表面摩擦，反而会损坏家具的表层。擦拭实木家具应顺着木纹纹理擦拭，以免损伤家具的木纹，影响美观。

3. 家具清洁效果要求

家具清洁后，要做到家具及配饰“无脏物、无灰尘、无指纹”，尤其注意家具抽屉、把手、空隙等要擦拭干净。

某红木家具金牌导购员小张，在每次店面巡检中，她所负责的区域卫生清洁都是满分，她每次做卫生清洁都十分细致，总是想办法把卫生清洁做到极致，自己还特制了一些清洁工具来打扫家具的死角位置，所以无论顾客体验家具的哪个部位，摸到的都是干净如新的家具。她在做卫生清洁时从不喊苦喊累，一般规格的家具每天都做清洁，需要登高或搬动的大件家具，也会一周做一次彻底清洁，她的吃苦耐劳精神不仅得到了同事和领导的认可，同时也加深了她对每一件家具功能布局及细节的了解，在提升店面环境的同时，也增加了销售成交机会，值得每个人学习。

（二）家具及配饰归位

在销售过程中，常常会邀请顾客体验家具，在顾客离店后，一定要及时归位家具及配饰，如图1-21所示。首先，要保证家具及配饰位置适合、距离合适以及位置摆正；其次，要整理家具内部物品，及时关闭柜门，整

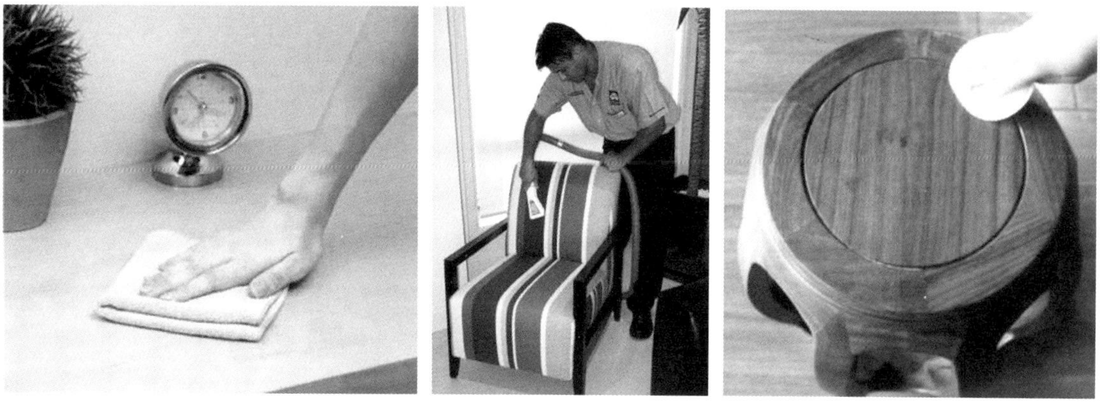

图1-20　家具清洁

图1-21 家具及配饰归位

理布艺、拍打抱枕至最佳状态等。

（三）清除杂物

接待顾客时，常常为顾客提供茶水、水果等，在顾客离店后，第一时间清洁茶杯、清扫果皮等。

二、氛围营造

家具卖场布置得当，能够营造良好的氛围，给顾客以视觉和心理上的享受。

1. 明确家具空间功能分区

在布置家具卖场时，要能明确该区域的空间功能。卖场各个空间开放程度高，卖场的流线规划要清晰、顺畅，便于顾客行走、体验。

2. 依照风格选择配饰产品

家具配饰产品选择可以与主体家具风格一致，中国古典家具要注重文化内涵，西方家具要注重唯美浪漫，如图1-22所示。软装产品烘托家具，家具卖场可选择的软装配饰产品有花品、画品、布艺凳等；发挥软装产品优势，提升空间质感，弥补空间不足，丰富空间色彩。

3. 摆放家具和配饰产品

摆放家具和配饰产品要遵循以下原则：家具是视觉中心点，摆放要以家具为中心；整齐、精致，保证整体氛围品质；配饰切勿贪多，防止家具被掩盖。

4. 音乐烘托视听环境

针对店面家居风格、活动等不同，选择适合的音乐助力，可以起到很好的烘托作用。日常音乐可以选择以舒缓、悠扬为基调的作品，如《婚礼》《卡农》《回家》《云水禅心》等纯音乐；活动日音乐的选择以欢庆、愉悦为基调，如《童话镇》《流动的城市》等。

三、案例展示

（书房家居空间布置案例）

解说稿：大家好，图1-23是书房家居空间布置图，书房的意义绝不只是一个小房间，更重要的是书房能让人安之若素，心境平和。

进行书房环境布置时，我特别注意家具之间的距离、配饰的选择等。一是保持家具卫生。干净整洁的卫生环境，会使顾客愿意停留，更好地体验家具，所以家具及配饰卫生清洁一定要做到位，常常检查表面及死角等，让顾客不论仔细查看哪一个区域，都将获得清爽、舒适的购物体验。二是家居布置时，我会特别注意家具之间的距离，过于紧密不利于顾客通

图1-22 家具与配饰产品风格一致

行，同时会产生局促感，不能起到放松的作用。进行配饰选择时，我根据家具类型分类：书桌上摆放了文房四宝，加强家具使用功能，同时增添文化意境；书柜上摆放了书及饰品，展示书柜的承置及储藏功能，增添实用性及装饰性；家具配饰选择画品、布艺等，力求与主题家具风格一致，与具有中式风格的书房家居搭配，增添意境。三是衬托这类具有古典意境美的产品，我会选择一些纯音乐，静谧的音乐搭配古典情调，为顾客营造安之若素、心境平和的意境。

图1-23　布置案例

拓展训练

针对店面家具，进行环境布置，并形成环境布置解说稿。

情境二

接待顾客

学习目标

通过本情境的学习，掌握接待顾客的开场方式及获取顾客信赖的方法；能够根据不同的顾客类型使用适合的迎接技巧，拉近与顾客之间的距离，获取顾客的信赖；在接待时，做到以礼迎接，以诚相待，发扬礼仪文化，恪守诚实守信职业道德；同时，不诋毁竞争产品，树立正当竞争意识，培养工作细致认真和与顾客换位思考的共情能力。

任务一　开场接待

好的开场是成功的一半，洽谈中，顾客在刚开始的30s所获得的信息，一般比之后10min里所获得的印象要深刻得多。开场白的好坏几乎决定了销售的成败。家具导购员与顾客进行交谈时需要运用有效的开场白，成功引起顾客与我们谈话的兴趣。

全国各大家居卖场，商品琳琅满目，环境越来越精致。硬件设施日趋完善的同时，软件服务也要进行升级，在卖场里要杜绝低端服务，如在等待顾客期间和同伴聊天、发呆、打游戏等，这样的开场状态不利于吸引顾客，导购员的开场服务打折，同样他所销售的商品也会一同打折。

家具导购员需要掌握正确的开场迎宾、开场时机、开场方式，这些是开场必备的基本素养。

一、开场迎宾

距离

中国有“礼仪之邦”之称，“礼”在社会无时不在，出行有礼、坐卧有礼、宴饮有礼等，也是文明的象征。在开场迎宾、接待顾客时，更要以礼相待，传递礼仪文化，做到懂礼、习礼、守礼、重礼。

赢在起点，开场迎宾是品牌形象，需要我们导购员以最好的状态待客。

（一）“315”原则

家具导购员应站在门口进行迎宾服务，不是当顾客进入店面才开始服务，而是在顾客走近我们就开始服务。

1. 3m致意礼

当顾客距离我们3m远时，我们可以向顾客微笑，点头行致意礼，表示我们欢迎您进入店面了解产品、我们很愿意为您服务。

2. 3s致意礼

当顾客与我们目光交汇时，我们必须在3s内做出反应，我们可以向顾客微笑，点头行致意礼。

3. 1.5m迎宾礼

当顾客有意向走进我们店面，距离我们店面门口1.5m左右，开始正式接待顾客，行鞠躬礼，并且使用开场语。

行鞠躬礼时面对客人，并拢双脚，视线由对方脸上落至自己的脚前1.5m处（15°礼）或脚前1m处（30°礼）。男性双手放在身体两侧，女性双手合起放在身体前面。鞠躬时必须腰挺直、脚跟靠拢、双脚尖处微微分开，目视对方，上身向前弯曲。鞠躬时，弯腰速度适中，之后抬头直腰，动作可慢慢做，这样令人感觉很舒服。

（1）一度鞠躬

上身倾斜15°左右，基本的鞠躬角度。微微低头，身体上部向下弯约15°，常用于迎接熟悉的顾客。

（2）二度鞠躬

上身倾斜30°左右，常用来表示敬意，是顾客服务中经常使用的鞠躬礼。

（3）三度鞠躬

上身倾斜45°左右，表示向对方深度敬礼，顾客服务中很少使用。

（二）迎宾语

向顾客行完迎宾礼后，我们可以开始说迎宾语，例如“您好，欢迎光临”这是我们经常听到的迎宾语，如果想在销售中别出心裁，在迎宾语上可以加上自己的特色。品牌特色：“您好，欢迎光临××家居”；自我介绍：“欢迎光临××家居，我是导购员小李”；产品活动：“您好，欢迎光临××家居，现在店面年底促销，全场买一赠一”；询问需求：“您好，欢迎光临××家居，我们这边是古典家具，这边是现代家具，咱们先看哪一边?”

（三）开场时机

1. 错误开场接待

迎宾之后就进入开场接待，开场接待要把握正确的开场距离，有两种错误的开场接待：一是紧跟式，紧跟着客人会让其有压迫感；二是探照灯式，固定站在一个位置目光紧随顾客，同样让顾客有种被监视的感觉。我们需要与顾客保持1.5m左右的接待距离，引导顾客，以便于更好地服务顾客。

2. 开场接待时机

当顾客拒绝我们的服务，表示不用我们引导，自己看看时，我们可以与顾客保持3m左右的距离，等待时机，进行接待。

当遭到顾客拒绝，家具导购员应该寻找适合的接待时机，比如顾客停下脚步打量货品时、顾客翻看产品体验产品时、顾客和同伴谈论某款产品时、顾客寻找产品需求明确时、顾客寻找导购员时。

（四）开场方式

开场接待方式共有六种：新品开场、促销款开场、赞美开场、唯一性开场、热销开场、功能卖点开场，具体使用哪种开场方式要根据顾客的意向产品和店面情况来定。

1. 新品开场

新品开场的技巧是直接“开门见山”展示新款的特点，如：“先生，您眼光真好，这款家具是公司最新推出的仿古家具，非常适合您这样的人，您不妨感受一下。”要勇于向顾客推荐新品，新颖的特点往往更加吸引顾客。

2. 促销开场

介绍促销产品时，自己的语气要表现得很兴奋，并且在折扣促销上要重音强调，例如：“您好，欢迎光临××家具，现在全场货品满8000元即可免费领取一台加湿器。”表述过程中要带着兴奋感，表示优惠活动难得，同时，可以在“满”“即可”等词汇处加以重音强调，要让顾客感受到惊喜，说明店面从来没有给过这么大的优惠，让顾客感受到现在买就是最好的时机。

3. 赞美开场

每个人的内心都渴望得到赞美，适当使用赞美，可以快速拉近与顾客的距离，赞美开场的技巧就是赞美要实事求是，例如：“您真有眼光，您现在体验的这款是我们在××展会上获得奖项的产品，新闻还报道了呢！”

4. 热销开场

很多人有从众心理，也就是大多数都选择的就是对的，所以在家具导购过程中，我们也可以使用热销开场，热销开场的使用技巧是一定要说出具体热销点、卖出了多少件、具体是哪个地方使用较多等这样详细的热销点，例如：“这款产品上市就卖得特别好，已经销售××件了，是单品中销量很高的，经过了这么多人的检验。”

5. 功能性开场

好的产品会“说话”，让顾客自己体验产品的功能，所以功能性开场的技巧是邀请体验，并且展示证据。例如：“王女士，这款衣柜打开后只需轻轻推一下就会自动闭合，而且没有声音，您试试。”顾客往往更愿意相信自己看到和感受到的，所以让产品与顾客“沟通”，可以起到很好的展示作用。同时，对于产品功能的推荐要做到以诚相待，诚实守信，杜绝虚假宣传等不道德行为，构建诚信社会，进行优质营销。

二、不同进店开场技巧解锁

家居卖场来往顾客中，有的是自己购买意向强烈，具有目的性，自己有选择地进入某家店面；有的是意向不强烈，哪家店都可以看一下，哪家店不看也无妨；而也有一些顾客已经形成了自己的消费习惯，喜欢去自己购买过的店面；更有已经成交的老顾客会带新顾客看家居。面对自主进店、被喊进店、老顾客进店、老顾客带新顾客进店等不同进店方式的顾客，接待也有所不同。

1. 自主进店顾客开场接待

家居卖场中，每天的客流是有限的，有限客流中能主动进店的顾客应该更加珍惜，家具导购员应该留住自主进店的顾客，完成更多的销售业绩。我们一起来看一个案例：

自主进店顾客开场接待

一位女顾客走进店里，家具导购员主动与其打招呼，迎接顾客。

导购员：您好，欢迎光临××家居。

顾客：你别跟着我，我不喜欢被别人跟着。

导购员：好的，我去购物的时候也不喜欢别人跟着我，我就在您旁边，您有需要随时叫我。

（女士走到一款沙发前坐了下来）

导购员：您眼光真好，这可是我们店的限量款。

对于自主进店的顾客首先应是亲切的迎接和问候，可提高消费者对店面人员的好感，同时创造轻松愉快的购物气氛，使消费者愿意花时间在店内浏览和了解产品；同时，家具导购员开场迎宾语也增加了店面的特色，引起顾客的注意。顾客拒绝接受服务时，家具导购员首先礼貌回应，运用表达同理心表示自己特别理解顾客的感受，并且停止跟随顾客，同时告诉顾客如果您有需要我就在您身边，距离顾客一段距离，等待时机进行服务。

2. 被喊进店顾客开场接待

被喊进店顾客开场接待

新媒体营销异军突起，家具行业受到一定的冲击，进入实体店看家具的顾客减少，作为家具导购员必须树立竞争意识，不能在店面一直被动等待顾客，而是应该走出店面，寻找更多的销售机会，提升服务创新意识，把顾客“喊”进店。

我们来看一下被喊进店案例：家具导购员在卖场大门口碰见一对小夫妻，妻子是一名准妈妈。导购员向这对小夫妻这样说：“您好，二位是要选购家具么？我们店现代、古典、儿童家具都有，而且都是符合环保要求的家具，现在店内有抽奖活动，奖品有婴儿床呢，您二位可以来我们店看看。”案例中的家具导购员看到这对准父母顾客时，以宝宝的内容作为切入点，说出任何一对准父母听到都会毫不犹豫进店看看的三个关键词“儿童家具”“环保”“奖品婴儿床”，成功地把这对夫妻吸引进店。

走出店面吸引顾客，把顾客喊进店的法则是主动出击，敢于张嘴，分析顾客，传播信息，推动顾客，吸引进店。

3. 老顾客进店开场接待

市场营销协会数据显示：若100位成交的顾客都满意，他们会给你带来25位新的顾客，维护一个新顾客的成本比维护一个满意顾客的成本要高5倍或者更多。我们要重视忠诚顾客，给我们老顾客更高的礼遇。我们来看一下老顾客进店案例：

一位中午男士走入某家居卖场。

导购员：您好。

顾客：这比过去漂亮多了。

导购员：看来您之前来我们家店看过家具了。

顾客：那是，我可是你们的老顾客了。我上一次买你们家具还是10年前。

导购员：那您真是我们的老顾客了，咱们先不着急看家具，您先坐下喝杯茶，再说说使用我们家具的感受，我们特别重视像您这样的老顾客，这次您买家具无论价格还是售后我们都给您老顾客的礼遇。

面对老顾客进店，我们应该如何开场？

①服务在前，买卖在后。表明会给予老顾客不同的礼遇，不要急着让顾客看产品。

②告知价格，放心购买。提供本店较舒适的环境、好的茶、精致的点心，让老顾客有回家的感觉；告知顾客产品价格不需要担忧，一定会享受优惠价格；同时，顾客再次购买家具，可以享受不同服务。

家具导购员要从言语上、行为上更多地传递对老顾客的感谢，承诺会在精神上和物质上给予优惠，进而培育顾客的忠诚度。

4. 老顾客带新顾客进店开场接待

老顾客带新顾客进店开场接待

老顾客带新顾客进店是一种主要的顾客渠道，有句俗语：“熟人两句话，销售说半天。”老顾客自发为产品进行宣传，是一个省时、省力、省心的好渠道。我们来看一下老带新进店案例。

家具导购员小李知道今天他的老顾客张总要带朋友来，所以提前准备好了茶点，并在门口迎接张总和他的朋友。

导购员：您好，张总，知道您今天要带朋友来，我们非常荣幸！我一大早就过来准备了，这位是李总吧？

顾客李总：您好，我想看你家那套山水沙发，现在什么价格？

导购员：李总，您好，很高兴接待您，张总提前交代了，我们就在山水沙发那里设置的茶点，咱们边品茶边品家具，价格您就不用担心了，和张总一样的待遇。

老顾客带新顾客进店接待时应让老顾客感受到尊重，礼仪上尽善尽美，记住顾客的喜好，并且突出老顾客在店面的地位，让新顾客感受到真诚服务，服务相同、价格相同，我们让新顾客知道，他所享受的待遇是和老顾客一样的，我们同样重视；向老顾客表达感谢，可以赠其一些精美的小礼品。

案例展示：开场接待

一位女顾客走进店里，家具导购员主动与顾客打招呼，迎接顾客。

导购员：您好，欢迎光临××家具。我是导购员小林，来，里面请。

顾客：嗯，我就随便看看，不用跟着我，我不喜欢被别人跟着。

导购员：好的，我去购物的时候也不喜欢别人跟着我。我就在您旁边，您有需要随时叫我。

（顾客在一款沙发旁边停下了脚步）

导购员：这位女士，您可以坐一下这款沙发感受一下。（正确找准开场时机）

顾客：嗯。

（顾客没有坐）

导购员：这是我们店最新的一款沙发，这款沙发刚在××展览会展出，并且获得了××奖。（新品开场）

顾客：这款沙发怎么卖？

导购员：现在有折扣，您现在预定是优惠的时候。（促销开场）

导购员：沙发是要坐下来感受它的舒适性的，这里有靠枕，您可以靠在这里感受一下。

顾客：嗯，还挺舒服的。

导购员：我们沙发填充材料采用高档羽绒，透气性、回弹性都特别好，您想您累了一天了，回家坐着多舒服啊！

顾客：这款沙发到底多少钱啊？

导购员：现在您看的这款是××元，打完折不到××元，其实这款沙发还有很多种组合的，不同的组合有不同的价位。不知这款沙发放在您家大小合不合适，我们有更小的或者稍微大一点的。

顾客：差不多也就这样吧！

拓展训练

自选顾客类型，运用所学方法编写导购语，进行情景模拟演练。

1. 自主进店顾客开场接待；
2. 被喊进店顾客开场接待；
3. 老顾客进店开场接待；
4. 老顾客带新顾客进店开场接待。

任务二　建立顾客的信赖感

顾客在选购家具过程中，会走进很多店面，每家店铺平均停留6min左右，家具导购员如何把握住可能短暂停留的顾客呢？最重要的就是拉近与顾客的距离，快速建立顾客的信赖感，顾客信任导购员才会信任其所推荐的产品。

一、赞美

生活中，我们通常渴望得到别人的赞美，通过别人的赞美更加肯定自己，树立自信。赞美不仅愉悦自己，也愉悦他人，在销售过程中适当使用赞美，可以收到很好的效果。不过使用赞美也要掌握技巧，我们来看一下案例：

顾客：我挺喜欢这款家具的，就是布艺能做成纯棉的吗？

导购员：我们公司现在没有，只能订做。

顾客：没现货啊，那不行。

导购：您什么时间要货啊？亚麻布也很称您的气质，像您气质这么好，就应该用纯亚麻布。

顾客：不喜欢。

导购员：您可以坐下来感受一下，说不定您也会感觉不错。

顾客：不了。

导购员：可不可以留下您的名片？

顾客：好的。

导购员：非常荣幸能接待您。

（顾客摇摇头，走了）

案例中的导购员只能看着顾客从眼前流失，表面看来是没有顾客想要的家具材料，但是其实是没有形成一个愉悦的聊天环境，导致了这次销售的失败。导购员虽然运用了赞美，但顾客没有接受。人人内心都希望得到赞美，所以没有不能接受的赞美，只有不能接受的赞美方式。

1. 赞美技巧

（1）赞美要落实在具体的点上

赞美顾客气质好，要详细说一下哪方面气质好，是书香气质，还是青春气质，还是时尚气质呢？说到具体的点上，才更加让人信服。

（2）赞美一定要发自内心，实事求是，切忌假大空

如果顾客明明是微胖的身材，你却说顾客身材很骨感，这种不符合事实的赞美不仅不会受到顾客的喜欢，反而会引起对方的反感。

2. 赞美内容

一个人身上有很多值得赞美的点，我们以男性为例：

①相貌穿着。发型、西装、领带、衬衫、五官等。

②性格气质。大气、沉稳、幽默风趣、仗义、好交流等。

③家庭。顾家、体贴、家庭幸福、太太漂亮、小孩聪明等。

④事业。事业有成、敬业等。

⑤生活。懂生活、有品位等。

⑥职业。能吃苦、意志坚定、学识渊博、具有奉献精神等。

3. 赞美方式

很多时候都是直接赞美顾客，运用一些方式方法，可以取得更好的效果。

（1）对比赞美法

有比较才能突出优点。例如一位女士来到店里，家具导购员发现了她手上戴了挺大的钻戒，就借机赞美说：“我们经理也戴了一枚钻戒，我们都觉得很大了，没想到您的戒指比我们经理的还大，真漂亮，您老公对您可真好啊！”

（2）借助赞美法

借助别人的口赞美对方，可以显得更真实。如：“上次就听您太太说您是非常注重家庭的好男人，看您挑选家具这么认真就知道了。”

（3）肢体语言赞美法

肢体语言同样能达到令人惊讶的效果，比如流露崇拜的眼神、聚精会神地听对方讲、不断地点头，甚至有时竖个大拇指表达对对方的赞美，这些都是有效的赞美。

下面我们看一下情境相同的案例：

顾客：我挺喜欢这款家具的，就是布艺能换成纯棉的吗？

导购员：一看您就是追求品质的人，不过不好意思，现在没有，如果您需要，可以为您订做。

顾客：没现货啊，那不行。

导购员：您什么时间要货啊？您觉得亚麻布怎么样呢？

顾客：不喜欢。

导购员：咱们中国人都喜欢纯粹的东西，我们老板和您一样都很喜欢纯粹的质感呢。不过其实亚麻布现在也很受欢迎，是纺织品中强度较高的，而且我们用的亚麻布是纯亚麻，有质量保证。您可以坐下来感受一下，说不定您也会感觉不错。

顾客：（坐下来，摸着沙发）是不错，不过我还是想要纯棉布的，其实是我妈妈皮肤比较敏感，我怕她过敏。

导购员：您这么孝顺，老太太真幸福。可不可以留下您的名片呢？

顾客：好的。

导购员：您打算什么时候要货啊？

顾客：一周之内吧。

导购员：时间有点紧，您看这样行不行，稍等我一下，我和公司申请一下，看能不能一周之内为您赶制出来。

顾客：好的。

下一个场景：

导购员：我们老板非常愿意和您这样的人结交，所以特批特意为您赶制出来。

顾客：谢谢，这可帮了我大忙啊！

导购员：也谢谢您的支持和信赖。

二、细致服务

细致服务

炎热的夏季，很少有顾客购买西服。一天中午，店里进来一位顾客，在衣架前慢慢浏览，不时摸一摸、看一看。正在犹豫不决时，一位店员适时上前，耐心地为他介绍西服的款型、面料，这位顾客有点心动了，同时脸上又流露出了嫌热、怕麻烦、不想试的表情。聪明的店员连忙把西服拿到空调底下吹了吹，然后递给顾客，请他试穿，那位顾客被店员的细心、耐心打动，试穿了西服，然后很爽快地买了下来。在西服销售的淡季，珍惜每一位光临的顾客，以细致和耐心来打动顾客，也是促进销售的一种好方式。

家具卖场的客流相比淡季的西装店更为稀少，从顾客进入门店开始，一直都持有戒备心，因为顾客对家具的不了解以及家居市场的某些混乱造成的负面影响，所以顾客总是害怕自己被家具导购员忽悠，那么家具导购员应该如何一步步卸下顾客的盔甲，让顾客说出自己的真正需求呢？大量案例分析发现，家具导购员真诚、细致的服务是最容易打动顾客的。

我们来看一个细致服务错误案例：

夫妻二人拿了很多东西进入店里。

导购员：您好，欢迎光临。

顾客妻子：这家家具看着挺漂亮的。

顾客丈夫：看了一天了，太累了，先回家吧。

导购员：既然都来了就看看吧，我们的家具款式新颖，价格也很亲民呢！

顾客丈夫：哎呀，走吧。

夫妻二人就这样离开了，案例中导购员很遗憾地错过了这对夫妻顾客，如果她可以先把销售欲望收起来，细心一点，真正关注一下此时顾客需要什么，也许是另外一种结果。

1. 细节重要性

有时候一个小小的细节可能使全局毁于一旦，细节决定成败。同时，细节也可见人品，《玉泉子》记载：吕元膺任东都留守时，有一位处士常陪他下棋。有一次，两个人正对局，突然来了公文，吕元膺只好离开棋盘到公案前批阅公文，那位棋友趁机偷偷挪动了一个棋子，最后胜了吕元膺。其实，吕元膺已经看出他挪动了棋子，只是没有说破。第二天，吕元膺就辞别了那位棋友。在常人的眼里，挪动一个棋子，看起来是一件微不足道的事情，似乎不值得认真。但小事不小，小中可以见大。在家居卖场中，家具导购员同样需要注重细节，用细致服务打动顾客。

2. 细致服务内容

①关注顾客状态，及时提供服务。例如：针对带孩子来的顾客，可以给孩子找一些玩具和点心。

②关注顾客喜好，并时刻谨记。例如：顾客第二次进店，记住顾客喜欢龙井茶，提前备好。

③关注顾客生活圈，及时给予祝福或帮助。例如：顾客在朋友圈发生日会照片，及时送上祝福。

这些对细致服务的重视，都会在顾客的心中留下持久的好感，在细节上多下功夫，才能真正获取顾客的好感，最终赢得认同。优质的细节服务是赢得顾客的最佳方式，把细节变成习惯，真正赢得顾客的信任。

3. 细致服务禁忌

细致服务一定是顾客所需要的，过于热情或者提供顾客所不需要的，反而会引起对方反感，所以切忌过于热情。

我们看一下情境相同的案例，这位家具导购员是如何处理的呢?

导购员：（导购员拿了两杯茶过来）来，二位请用茶。（顾客喝茶）

导购员：挑选家具可是个累活，一定要多走几家，多挑挑，多选选。

顾客妻子：这款沙发坐着挺舒服啊!

导购员：我们的这款沙发不论布艺、海绵，还是弹簧，都使用了优质材料和先进技术。二位平时在家喜欢看电视吗?

顾客丈夫：她天天恨不得钻进电视里去。

顾客妻子：那么烦人呢。

导购员：二位真幽默。女士那您可以试试看贵妃榻躺着舒不舒服，很多顾客喜欢这款沙发，尤其是贵妃榻反响非常好。（说着拿起滚筒，在榻面来回滚动）

顾客丈夫：（轻声向妻子说）这服务挺到位。

导购员：女士，您躺着试一试吧!

顾客妻子：（躺了上去，闭上眼睛）真的很舒服，老公，这个还行。

顾客丈夫：这沙发多少钱?

…………

家具导购员非常细心，如果在这时还带着小夫妻看家具，这二人已经很累了，看也看不进去，不如先引导顾客坐下来，休息一下。通过种种细致的服务，拉近与顾客的距离，逐渐让顾客对产品产生兴趣。

细节决定成败，从欣赏优质的细节服务到信赖产品质量，再到最终的购买行为，具有递进关系，有时真正持久触动顾客内心的正是服务中的某些细节。在家具导购过程中，细心一些，可以快速拉近与顾客的距离，获取顾客的信赖。

三、倾听

倾听

我们要先学会倾听，再去诉说。家具导购员如果滔滔不绝地讲解产品的特点、优点，不关心顾客真正的需要是什么，甚至在顾客要转身离开时，还在讲解产品的优点，这一定是一个失败的导购员，我们来看一下下面的案例：

导购员：刘先生，您觉得这件产品怎么样呢?

顾客：这产品质量不错，但我感觉与我家的装修风格不匹配。

导购员：我们产品的质量是有保证的，您应该考虑。

顾客：还是感觉不适合。

导购员：刘先生，您也知道这产品非常好，而且如果您现在订货还可以享受七折优惠。

顾客：你就是打五折我也没办法啊，总不能把房子重新装修一次吧，算了吧。

导购员：现在订货真的是一个好机会啊。

顾客：我还是看看别家的产品吧。

家具导购员把自己觉得有吸引点的地方都告诉顾客，而并没有关注顾客到底想表达什么，需求什么。现在店铺在搞活动，现在买产品会比平时便宜很多，这是家具导购员关注的点，而顾客真正关心的是是否与自己家的装修风格相匹配，家具导购员没有耐心地倾听顾客的诉说，那么只能望着顾客的背影远去。倾听比诉说更重要。让顾客畅所欲言，不论顾客是称赞还是抱怨，都要仔细听，并适当有所反应，以表示关心和重视。

①耐心倾听，了解顾客的意见与需求。顾客的内心常有意见、需要，家具导购员让顾客将意见表达出来，从而了解需要、解决问题、消除疑难。

②适当发问，帮顾客理出头绪。顾客在说话时，家具导购员要有耐心，适当地给予回应会比一味地点头称是或面无表情站在一旁更有效果。例如：您的意思是？您能说得更具体一些吗？或者简单地说一声“是的”“不错”等。这些都有助于获得更多的信息，并了解问题的各个方面。

③重复和确认顾客意见。重复顾客的意思，表明你在倾听，并明白对方所说，确认没有曲解对方的意思。

④对顾客进行回应和反馈。根据顾客所描述的问题给予合理的回答，只有这样才能收到事半功倍的效果。

下面我们来看一下同一情境下的案例：

导购员：刘先生，您觉得我们的产品怎么样呢？

顾客：这产品质量不错，但我感觉与我家的装修风格不匹配。

导购员：理解，如果家具与装修风格相差太大就不好了。刘先生，您家的装修风格是怎样的呢？（认真倾听，表达同理心，关心顾客所关心的问题，是站在顾客立场考虑问题的表现）

顾客：我家装修主色是白色，线条比较简单。你这个产品感觉带一点传统色彩，放进房间有点不相称。

导购员：您是说您家的装修是属于简洁的现代风格，对吧？

顾客：对啊。

导购员：刘先生真懂得生活啊，这样的装修风格现在很流行。（赞美拉近与顾客的距离）

顾客：我好几个朋友家也是这种装修风格，我觉得不错，也装修成这样。

导购员：您的选择是对的，我也很喜欢这样的风格。刘先生，您觉得什么样的家具适合您家呢？（有目的地询问，挖掘顾客所想）

顾客：我还是喜欢现代的，浅色的比较好。

导购员：刘先生，我也认为您选择现代风格的家具很对，但是如果您选浅色的，可能不是很适合。（表达同理心，有目的引导）

顾客：为什么呢？

导购员：您想一下，您的房间是纯白色的，如果放置浅色家具，就显不出家具的立体感了，对吗？

顾客：立体感不重要吧？

导购员：对于家具，它不仅要实用、耐用，还要讲究家居的艺术氛围，要有空间美感。像您这样有品位的人，一定也会这样想，对吗？

顾客：这个倒也是。

导购员：刘先生，您再想想，像我们这种樱桃木色现代风格的产品，放入纯白色的空间，两种颜色相衬，更可以形成一种清新的美，我给您看看平板电脑里的效果图。

这位家具导购员的每一句话都是围绕顾客的意愿，先通过倾听了解顾客的想法，并且对顾客的想法进行确认，适当地提问，挖掘顾客更深层次的需求，最后再提出合理解决方案。

在家具导购过程中，我们耐心倾听，可以快速拉近与顾客的距离，找准顾客的需求。

四、询问

不能一味介绍产品，要听听顾客的想法，但是也不能把主动权完全交给顾客，要适当引导对方，做有效的沟通。

1. 销售六问

①询问地点。小区、楼层、尺寸，判断顾客消费能力。

②询问装修程度，判断交货时间。

③询问装修风格、颜色，判断顾客喜好。

④询问家具消费预算，判断顾客心理价位。

⑤询问看家具的次数，判断顾客需求程度。

⑥询问以前是否听过我们品牌，判断顾客对品牌的认可度。

以上几个问题，就是我们说的销售六问，通过不断与顾客沟通获取答案，非常有助于销售，但是问也有问的技巧，比如下面这位导购员的发问，可不一定能起到好的效果。

导购员：先生你家住哪个小区？花多少钱买的房子啊？

顾客：没花多少钱。

导购员：这款产品很畅销，先生喜欢吗？

顾客：不喜欢。

导购员：那你喜欢什么样的家具？你家装修风格什么样啊？以前买过我们品牌产品吗？

顾客：你们品牌产品价格挺高的。

导购员：那先生都看过哪家了？我敢说我们家是同档次家具中价位适中的了。

这位家具导购员给我们展示了询问的一些忌讳。

2. 询问忌讳

①开始就问敏感问题。双方一点都不熟悉的情况下，直接问顾客敏感问题会使顾客不安，甚至反感。

②连续发问。连续发问会让顾客无招架之力，会无所适从，不知该回答哪个，只会随便应付或者干脆不理。

③像审问一样。导购员一定要注意自己的态度、语气，探寻顾客需求要注意，不能给顾客造成压迫感，一旦形成压迫感，就是把顾客往外推。

④问一般疑问句。问顾客满不满意、喜不喜欢、舒不舒服等，顾客很容易直接说不，而换一个方式，如问顾客感觉怎么样，则会有不一样的效果。

⑤以陈述结尾。与顾客沟通讲究你来我往，如果你回答顾客的疑问后，不把问题抛回去，很容易造成

冷场，所以加一个“您觉得我说的对吗?”“您怎么看呢?”比较有利于交流的顺利进行。

3. 询问技巧

①问一些简单容易回答的问题。这样顾客比较容易回答，交流更容易进行下去。例如：我们这款沙发有米色和蓝色，您更喜欢哪一个?

②问肯定回答的问题。例如：现在年轻人比较喜欢简约风格，是吧?

③问二选一的问题。举个简单例子，一家面馆两个服务员，一个服务员总是在询问顾客是否加蛋，而另一个服务员直接会问加一个蛋还是两个蛋，结果可想而知，所以我们问顾客问题时可以采用二选一的办法，例如：您今天方便还是明天方便? 我们产品设计时尚，天然环保，售后服务特别好，您更看中哪一点?

④反问。例如：“虽然是比那套贵了点，但我觉得价值在于更有利于您的睡眠，您不也这样认为吗?”

我们再来看一组询问案例。

导购员：先生，这是我们今年在设计上获过奖的一款衣柜，功能非常全面，您认为产品的功能性重要还是设计风格重要?（选择疑问句，挖掘顾客关注信息）

顾客：应该是都重要吧，这款衣柜主要有什么功能呢?

导购员：我打开您看看内部吧。您看，它可以根据您的需求进行灵活配置，内柜里可以放一些不常用的东西，裤挂可以把裤子挂起来，以免弄皱，上面一层的空间很大，夏天您可以把冬天的物品放上去……哎呀，说了这么久还没问先生您怎么称呼?

顾客：我姓吴。

导购员：吴先生，购买一组衣柜，您主要是想解决哪些问题? 比如说家里物品太多没地方放，还是原来的衣柜不实用?（选择疑问句，继续挖掘信息）

顾客：原来的衣柜坏了，家里很多衣服之类的东西没地方放，所以就想看看有没有合适的。

导购员：是呀，过日子零散东西很多的，吴先生，您认为的合适是能放很多物品吧?（问肯定的问题）

顾客：空间要比较大，能放很多东西，最好也能够放一些小东西的那种。

导购员：明白，您现在看的衣柜内部空间就比较大，2.4m的，不知道您的房间能不能放进去?（询问尺寸）

顾客：2.4m可以放进去，这组衣柜多少钱?

导购员：现在有活动，价格您不要担心，这种衣柜还有一个很大的好处就是可以灵活选配，如果您的房间大，需要放的东西特别多，可以加宽。吴先生，您还需要加宽么?（避免谈论价格，继续探寻顾客需求）

顾客：像这组这么大就可以了。

导购员：这款放在您家尺寸肯定没问题了。您再看看里面，我们的五金件耐用度非常高，这才能使家具使用寿命更长久，您听开关门一点噪声没有，是不是挺适合您的?（介绍产品细微之处，深入打动顾客）

顾客：嗯。

导购员：吴先生，您之前听过我们品牌吗?

顾客：好像在电视上看到过一两次广告。

导购员：我们家具在全国属于有影响力的品牌，前年被评为“用户满意品牌”，我们相关证书在前台都有展示。吴先生买东西还是得信赖大品牌呀，您说呢?（展示企业实力，增强顾客信心）

顾客：这衣柜多少钱?

导购员：这样的配置是××元，现在促销期订货可以打到八八折，算下来是××元左右。

顾客：好贵啊!

导购员：吴先生，您应该也看过好几家了吧，其他家的价格没有更低的吧?（肯定问题）

顾客：我看××品牌打八折。

导购员：至于打几折并不能判断产品是否便宜，您要算出折扣价之后再做比较，对吗?（停顿）您认为家人的健康重不重要?（肯定问题）

顾客：健康当然重要了，这与买家具有什么关系？

导购员：刚才我可能没和您解释清楚，现在都提倡买环保家具，这是我们家具的检测报告复印件，买家具的时候，多投资一点钱买到真正环保的产品，其实是很值得的，对吗？（肯定问题）

案例中的家具导购员认真倾听顾客的需求并不断地向顾客发问，并且每一问都恰到好处，非常熟练地掌握了询问的应用技巧，与顾客形成了良好的聊天氛围，增加了成交的可能性。

五、表达同理心

表达同理心

同理心是指进入并了解他人的内心世界，并将这种了解传达给他人的一种技术与能力，又叫换位思考、共情，即透过自己对自己的认识，来认识他人。面对同一件事情不同的人有不同的意见，站在不同的角度，想法是不可能一致的，所以我们要学会先理解顾客的心情，再处理顾客的问题。

1. 表达同理心技巧

要“将心比心”安抚顾客的情绪，给自己赢得解释和处理问题的机会。在家具导购员推销产品的过程中，通常是以“是”“对”“就是”回答，但这只是一种回应，不是真正意义上表达同理心的技巧，应说：“如果我是您也会这样想”“我理解您的感受，谁买家具都担心碰到这样的问题”“嗯，这款家具的价格是偏高一些……”“最近就屡次报道家具不环保，您的顾虑我很清楚”。先换位思考，表示“赞成”，让自己与顾客站到同一个角度看问题。

一个漂亮的转折，传达自己要表达的观点。理解顾客并不代表认同顾客，而是有技巧地让顾客接受我们的观点，所以在转折过渡时一定要委婉、自然，不要太生硬、太明显，让转折化为无形。另外，可以在表达同理心之前，对顾客提出异议表示感谢，以拉近与顾客的心理距离。

2. 表达同理心基本句式

表达同理心的基本句式是：“首先感谢您提出这个问题，我完全能够理解您的感受……同时……”“您对环保的顾虑我很清楚，现在材料市场还没有完全规范，感谢您说出您的顾虑，同时我想说的是正因为市场如此混乱，您才更应该选择我们这样的品牌呢！”

顾客：你家家具我是喜欢，但也太贵了，比隔壁家具贵太多了。

导购员：您说的我太理解了，别说您了，我刚来这里工作时，我也像您这么想，家具都差不多，这也太贵了。

顾客：你看，是吧。

导购员：所以我非常感谢您把真正的顾虑告诉我，我来这里后，我知道了家具看上去差不多，但还是有很大差别的，而且很多顾客经过对比还是选择了我们的家具，肯定有我们家具的优势，您说对吧？

顾客：每家都说自己的好，家具市场这么混乱，也不知该信谁的。

导购员：的确如您所说，现在家具市场还不够规范，花了挺多钱，谁不想买到放心的产品呢，所以我们一定要挑选一个口碑好的品牌，您觉得呢？

顾客：我之前买了一个品牌电器啊，用了一年就坏了，在保修期内，结果维修人员说零件被我们换了，这把我气的。

导购员：遇到这事真是有理没处讲啊，我真同情您的遭遇。不过啊，在我们这买家具，您完全不用担心，我们家具的每一块板都印有公司的标志呢，这是我们敢于承诺顾客的，出了问题，我们全权负责。

顾客：啊，不过家具还是贵啊，说实话，这已经超出我的预算了，刚刚买了房，又是装修又是家电的，买家具就预算紧了。

导购员：房子、家电、家具一步到位，真是很大一笔开销啊，像您这么年轻已经很有实力了，我们都很羡慕啊。现在虽说预算紧，但我也不建议您将就着买一些没有保障的家具。

顾客：你说的也对，多久能送货？

导购员：一个月。

顾客：那么久？我打算过两周就住

进去呢。

导购员：一个月确实有些久，不过实木家具加工需要经过多道工序，为了保证家具质量，我们必须严守每道工序，希望您能理解。这样吧，我也盯着，争取早一点给您送到家里。

案例中的家具导购员运用表达同理心的方法，很好地解决了顾客认为家具价格高、交货周期长的异议，站在了顾客的角度，表示理解顾客的担忧，同时把事情的缘由讲给顾客听，逐步让顾客建立信赖感。

3. 表达同理心注意事项

一定要让对方切实感受到，你像他的朋友一样，了解他的担忧，当他提起一些不愉快的经历时，家具导购员也要表现出比较沉重，表达理解遇到麻烦事情谁都一样闹心；当顾客预算有些紧张时，一定不要表现看不起顾客，而是要从朋友的角度，给予对方真诚、合理的建议。

六、规避价格

规避价格

顾客购买产品最终绕不开的就是价格，购买家具产品属于大件消费，顾客一定会与导购员进行价格拉锯战，在这场“战争中”，可以说家具导购员越早亮出底牌，失去顾客的可能性越大，我们来看一个案例。

在销售淡季，一家家具店面里，已经到中午了，家具导购员还没接待一位客人，失望地在门口张望。这时走过来一位男士顾客，直奔店面而来，家具导购员热情地向顾客打招呼：“您好，非常欢迎您”，该男士直奔店里的大床而去，问道：“这款家具多少钱?”家具导购员说：“打××折××元”客人摇了摇头，就走了。

客流稀少的店面，来了一位顾客，几分钟就被价格吓跑了，而我们的导购员几乎只是回答了顾客的价格问题，并没有挖掘顾客的需求，顾客是想要一张床，那么想选什么床、带箱体还是不带箱体、要1.8m还是1.5m的、放主卧还是次卧、他本人用还是家里其他人用，家具导购员完全不了解顾客的需求是什么，那么同样这位顾客除了这张床的外观以外，也就只知道这张床的价格了，床的文化、材料、功能、工艺等完全不知道，可以说顾客也是完全不了解产品。那么这个本可能有后续可能的销售环节被什么终止了呢？就是一进门就问的价格。有一种很实用的价格回答法“答非所问”，也称为规避价格法。

1. 规避价格法

规避价格法是通过含糊回答、询问顾客的具体需求等方式来转移顾客对价格关注的一种方法。这种方法可以有效地转移顾客注意力，从而给予顾客时间让其体验产品价值，进而通过价值反映价格。

2. 技巧运用

当顾客一进店就问价格，我们要和顾客谈产品的价值。例如：“这款产品我们现在有活动，价格您不用担心，我先给您介绍一下这件家具吧！”

当顾客再次问价格，我们可以和其谈产品的多样性。例如：“这款家具可以有很多种组合，不知道您家尺寸什么样，您带家里图纸了吗？我帮您看一下。”

当顾客对价格穷追不舍时，我们要引入价格卖点转而再去谈产品价值。例如：“您真幸运，我们这款家具正在搞活动，价格很划算，××元，您看我刚才和您讲到它打磨的处理，这个价格您买到绝对值，我再带您看看它的油漆。”

3. 忌讳

规避价格不是绝口不谈价格，不要对顾客的价格提问置之不理，这样顾客会认为我们不尊重他的需求；碰到急躁型顾客时，应在客人第一次询价时，就直接报价，再把价格关注引到价值上，而不是强硬转移价格注意力。

规避价格法案例展示：

顾客：这款沙发多少钱?

导购员：这款沙发最近有特价，只要产品您喜欢，价格您一定满意的，来，咱们先看看产品，这款沙发是我们店销量很好的产品，有“变形金刚”之称。

顾客：变形金刚?

导购员：是的，因为咱们现在看到的这些单品，能组合成16种不同的搭配，所以受到特别多顾客的喜爱，我搭配一下给您看看。

顾客：那这款得多少钱啊？

导购：这款组合型特别多，您选用的件数不一样价格也不一样，不知道多大的尺寸适合您家呢？

顾客：我看这个就行，这款多少钱？

导购员：现在我们十周年店庆，这款家具××折，特别划算。（拿计算器算价格）

顾客：到底多少钱啊？

导购员：您看我给您折后是这个价钱，才××元，我们店没有过这么低的价格呢，都是因为店庆，厂家让利大，我们可不是便宜质量就不好，这个我们材料是……

七、正确面对竞品

顾客选购家具会在多个品牌之间进行比较。面对竞品时，要树立正当竞争意识，在善意、公平、平等自愿和诚实守信基础上良性竞争，正当竞争是一种有利于社会经济发展的竞争，是我们希望看到的竞争和社会生产力发展需要的竞争。

想要在竞品中突出产品特色和优势，首先，要做到熟悉竞品，做市场调研，即从竞争对手或市场相关产品中，确定一些需要考察的角度，得出真实的情况；其次，分析知晓竞品优劣，根据调研分析结果列出竞品或者自己产品的优势与不足；最后，基于我们品牌特色和优势教顾客辨别产品优劣。

案例展示：建立携子型顾客的信赖感

导购员：您好，欢迎光临××家具，孩子真漂亮。（赞美孩子，拉近距离）

顾客女：嗯，你家这都是实木家具，你这里有贴木皮的家具吗？（看了一眼孩子，跟另一位顾客说孩子好像饿了）

导购员：您看，咱们先不着急看家具，先让我们服务人员带你们去休息一下，大人、孩子都吃点点心，正好我们还有个玩具区域，您可以让宝宝去玩一会儿。（细致服务，打动顾客）

下一场景

导购员：孩子有我们工作人员照顾，您就放心吧，对了，女士您刚才说的是贴木皮家具是吗？（询问，了解顾客需求）

顾客女：嗯，谢谢你啊。对，我在邻居家看他们买了一个贴木皮家具，我觉得特别漂亮，所以想来问问这里有没有。

导购员：贴木皮的家具外观看起来确实很好看。（表达同理心，认同顾客）

顾客女：嗯。

导购员：不知道这位女士怎么称呼您？

顾客女：我姓刘。

导购员：刘女士，贴木皮的家具您感觉它的外形和质量是什么样子的呢？（询问）

顾客女：我觉得外形特别漂亮，看起来质量也很不错，主要是放在家里感觉很上档次。

导购员：特别上档次是吗？看来您买家具的时候比较重视它的外形和质量这方面是吗？（倾听了解顾客

需求，询问确认顾客需求）

顾客女：嗯，外形和质量都很重要。

导购员：刘女士，我还想再问您一个问题，您在购买家具的时候，外观、质量、环保这三方面哪个最重要呢？（询问）

顾客女：家具还会有不环保的情况吗？

导购员：很多消费者都忽略了这一点，其实环保这方面是很重要的，有的家具达不到国家环保标准和要求，会释放过量有害物质。

顾客女：这的确是个问题。

导购员：而且上个月看到过这样一条新闻，一个家庭买了一款很不环保的家具之后……

顾客女：这么严重？

导购员：是的，而且他们现在还在打官司。

顾客女：那贴木皮家具会不环保吗？

导购员：怎么说呢，首先不是说贴木皮的家具就是不环保的，但是我可以向您保证，实木家具比贴木皮家具要环保很多。

顾客女：小姑娘，我真挺信任你的，我就准备在你这买，你给我好好介绍一下，但实木家具特别贵吧？多少钱？

导购员：价格您别担心，我们有优惠活动，我先给您讲讲产品……（价格规避，转移价格注意力，进而介绍产品）

拓展训练

自选顾客类型，运用所学方法编写导购语，进行情景模拟演练。

1. 建立青年女顾客的信赖感；
2. 建立备婚夫妇顾客的信赖感；
3. 建立中年男顾客的信赖感；
4. 建立老年顾客的信赖感。

情境三　家具消费心理与行为分析

学习目标

通过本情境的学习，了解顾客在产生购买行为的过程中，其心理、行为的变化过程，掌握家庭规模对家具消费心理与行为产生的影响；能够根据顾客类型、家庭决策类型，使用适合的方式接待顾客；引导学生树立正确的消费观，同时培养学生客观分析事物的能力和服务消费者的职业素养。

任务一　走近家具消费心理与行为

如今的家具市场出现了一些新的发展趋势，“90后”“00后”逐渐成为消费主力军，与传统消费观念截然不同的消费理念逐步成为主流；如何抓住新形势下的消费需求，建立新的营销策略，已成为家具企业、导购员的首要任务。

有些顾客在店里左看看、右看看，走得不紧不慢，但是好像对什么都不感兴趣，也没有明确的目标，你问他，他爱理不理的。面对这样的顾客，错误接待方式有：不管三七二十一就给顾客推荐，不管顾客是否接受；经过尝试后发现顾客爱理不理的，于是不再采取任何措施，甚至觉得递送资料也是多余的；有些生气，觉得顾客太过傲气，所以放弃接待；默默跟随，什么话也不说。如果你也会选择以上任一种接待方式，那么从一开始就做错了。首先应该判断顾客类型，具有这种特征的顾客，一般属于三种类型：款式、风格不喜欢，所以立刻放弃；喜欢家具的款式、风格，但是价格跟自己的预算相差太大；初次到店，属于前期了解、收集信息型顾客。

综上所述，顾客的消费行为受多方面因素的影响，但认真观察顾客，仔细分析，了解顾客消费心理并不是难事。

一、家具消费心理分析

作为家具导购员，会遇到形形色色的顾客，每位顾客会表现出不同的消费行为。顾客购买或拒绝购买的内在决定因素是消费心理，顾客消费行为存在差异性的重要原因是消费心理不同。

消费心理是顾客根据自身的需求及偏好，选择产品、评价产品所发生的心理活动。想要了解顾客消费心理，需要研究顾客在产生购买行为前、购买中和购买后发生的心理活动，如图3-1所示。

（一）家具一般消费心理

顾客不同购买行为的背后是复杂多样的心理活动，且受生活环境、个人情况、社会等多方面因素的影响。顾客的一般消费心理主要有求实心理、求异心理、攀比心理、从众心理等。

1. 求实心理

具有求实心理的顾客，追求产品实用又实惠。这类顾客选购家具时，相比产品的品牌、造型、风格，更关注产品的质量、功能和实用价值。

2. 求异心理

人们都会对新奇的事物充满兴趣，更何况是存在求异心理的顾客，这类顾客在选购家具时，主要追求产品是否时尚、新颖、奇特、与众不同，以上这几方面均可作为购买动机。这种消费心理多存在于年轻顾客，他们一般都有较重的好奇心。接待求异心理的顾客，导购员要着重介绍产品的样式、颜色、独特性、新颖性。

3. 攀比心理

“你有我也有”是这类顾客的主要特点。顾客并不会特别关注你所推荐的产品，关注重点并不是产品本身，反而更注重“谁在使用它”“是否能够体现其身份”。

4. 从众心理

具有从众心理的顾客，在很多购买决策上也会表现出从众倾向，如选购任一产品时，一定会有自己的实际需求，但对产品质量、功能、品牌等并不完全了解，由于惧怕风险、缺乏主见等原因，很难做出购买决策，此时就会表现出从众倾向。持从众心理的顾客，其他的表现行为：购买决策受他人影响很大；选购产品会选择店内顾客较多的店面或选择品牌名气大的产品等。“这件家具是本季度新款，最近一段时间销量很好”，这些可能会对他们产生很强的吸引力。

图3-1 接待顾客

（二）家具消费特点

家具作为与人们日常生活息息相关的耐用消费品，顾客在选购时呈现出时间长、顾虑多、选择大的特点。

1. 时间长

家具是典型的耐用消费品，通常使用生命周期较长，少则3～5年，多则10年以上，红木家具使用年限会更久；正是这一原因，顾客选购家具频次较低。

一旦产生对家具产品的消费需求，多数顾客会选择进入线下门店，近距离地了解产品、企业、服务等信息，亲自体验、感受；通常情况下，顾客在决定购买前会到家具卖场3～4次。

2. 顾虑多

家具是居住环境重要的组成部分，与日常生活存在密切的联系；家具的美观性、实用性、环保性、安全性直接影响每位家庭成员的心理和生理健康。同时，家具产品往往价格比较高，对多数家庭来说，购买家具是一笔较大的支出。基于这两个原因，顾客对家具的“重视程度”远高于购买快速消费品；选购家具时会多方面比较、权衡，决策过程比较复杂。

3. 选择大

如今的家具市场品牌众多，风格、款式、材质、色彩等多样，供顾客选择的范围很大。作为家具导购员，引导销售的关键是在推荐产品的过程中，以顾客需求为中心，努力呈现产品价值。

案例分析

美克美家携手《朗读者》第二季美好归来——越读你，“悦”懂家。美克美家作为《朗读者》节目指定家具合作品牌，将与大家共赴一场经典的读书之约。

一本书，一个方桌，一把椅子，一盏灯，在《朗读者》节目中，我们看到一个富于艺术格调的雅致空间，最适于朗读与聆听，光影柔和温婉，书声抑扬顿挫，与造型优美、气质典雅的书桌、座椅等陈设器物相得益彰，这是多少人梦寐以求的居所，兼顾了物质和精神的双重享受，令人神往。美克美家为《朗读者》打造的优雅场景，让人们在享受阅读经典作品乐趣的同时，更体验到空间和家的美好情怀——越读你，“悦”懂家。源自内心的文化追求和艺术渴望，精神上的相互吸引，审美上的共同趣味，正是美克美家与《朗读者》携手合作的情感共鸣所在。

读书为我们构建一个精神家园，而我们身处的家则是一本读不完的书——每个角落都有耐人寻味的故事，生活的趣味和灵感无处不在。美克美家正是基于对居室空间、家庭文化的深度思考，专注于对美好生活方式的创造，专心打造令人向往的生活方式场景，引发人们对家、对幸福生活的憧憬。

不论是艺术的设计、浪漫的风格、舒适的质地、精细的工艺、极致的服务，还是文化的传承，这一切都源于对艺术的追求，对爱和美的向往。正如我们在《朗读者》看到的，美克美家式的美好生活，随处流露着艺术的、情感的、体验的美学基因，如图3-2所示。

你能结合顾客消费心理与消费行为特点，分析美克美家品牌宣传的涵义以及其对顾客消费行为的作用么？一个品牌或产品能深深地打动顾客，就能将顾客的心动变成行动，让顾客心甘情愿地购买让他心动的产品或服务。如今的家具市场，产品同质化现象越来越突出，顾客往往选择困难，美克美家选择借助电视节目树立良好的企业形象，扩大品牌知名度；同时，向更多的消费者传递产品或服务的信息，这也是达成销售的前提。

图3-2　美克美家家具

（三）家具购买决策过程

购买决策过程是购买行为的重要组成部分。在这一过程中，随着时间的变化，顾客的心理会伴随情感、认知、外界因素等经历一个非常复杂的过程。

因需求、产品特点、其他因素存在差异性，不同顾客的购买决策过程也会有所区别。一般情况下，有购前阶段、购买阶段、购后阶段，如图3-3所示。顾客购买家具的过程可概括为：确认需要（产生购买欲望）—收集信息—评价选择—产生购买决策—购买阶段（产生购买行为）—购后评价与行为。

1. 购前阶段

购前阶段是指顾客在做出购买决策前的一切心理变化和行为特征。顾客打算购买某产品时，购买活动就已经开始了。虽然顾客会因为各种原因对家具产品有所需求，但还不会在短时间内产生购买行为（确认需要—收集信息—评价选择—产生购买决策）。

（1）确认需要

为了维持日常生活与生存，我们要不断满足生活需要和心理需要。确认需要是指顾客认识到自己有某种需要未被满足，这一环节是购买决策过程的开始，如图3-4所示。

顾客选购家具产品的动机很多，例如对原有家具在使用过程中不满意，家具陈旧、破损、过时，或者来到卖场选择产品时，一次良好的服务体验、产品难得的促销活动，这些都有可能使顾客想要购买家具产品。

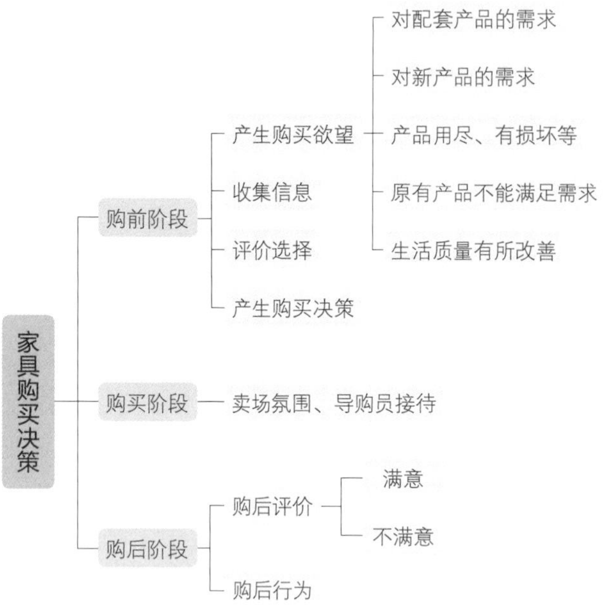

图3-3 家具购买决策过程

无论何种原因，一旦顾客对某一款家具产品产生了购买动机，就会根据自身情况，确认需要购买的家具样式、数量、档次、规格、风格等，这就是顾客对家具产品确认需要的过程。

（2）收集信息

虽然顾客渴望拥有能够让他们感觉更好的产品，存在购买动机；但若现有家具仍可以使用或者顾客对家具品牌不明确等原因，购买新家具还只是顾客的一个想法，短时间内不会转化为购买行为，但是会开始关注以前不太关注的家具广告、谈论和报道，也会顺路或是抽空到家具卖场看一看。

图3-4 店内选购商品

收集信息的过程就是顾客深层次了解品牌或产品的过程。一般情况下，顾客获得家具相关信息主要有商业来源、个人来源、经验来源三个方面。

一是商业来源。多数顾客会认为商业来源的信息更可靠。商业来源是指报纸、杂志、广播、电视、网络等大众传播媒体，以及公众组织和权威单位等所提供的信息。即使顾客当时没有购买动机，但是在反复接收到信息时，加深了顾客印象。

二是个人来源。对家具产品不了解、购买经验不足的顾客，怕买贵、怕吃亏上当、想要“物超所值”是普遍心态。为了防止自己做出错误的决定，多数顾客会选择向信赖的人寻求帮助，参考亲戚、朋友的建议。同时，不断革新的互联网技术，深刻地改变了人们生活的方方面面，也对家具消费习惯产生了很大影响；更为关键的是，顾客认为网络资源获取的信息可信度更高、更值得借鉴。

三是经验来源。很多顾客在购买产品或者使用产品的过程中，都会积累很多使用经验，并根据经验不断调整消费行为，例如对某一品牌建立了忠诚度的顾客，再次选择该品牌的可能性较大。从顾客开始了解品牌、收集产品信息起，就已经开始了对品牌的评估；顾客对收集到的信息进行整理、加工、储存，从而形成对产品或品牌的初步印象或加深对产品、品牌的印象，甚至直接影响和支配其消费行为。在顾客收集信息阶段，导购员只有迅速、准确、有效地将品牌、产品信息传递给顾客，给顾客留下良好的第一印象，才有可能进入顾客的备选清单。

对没有亲眼见到的事物常抱有怀疑态度，这是一个普遍现象，所以多数顾

图3-5　品牌店面

图3-6　家具摆放

客在购买家具前会选择到家具卖场进行“实地考察”。虽然顾客走进卖场的目标是产品，但最先接触的是家具导购员；如果导购员不能在第一时间引起顾客的注意，何谈接下来的接触机会？只有在第一时间让顾客接受、认可，才能够与顾客建立起比较稳定的关系。

（3）评价选择

家具品牌众多，样式多种多样，风格精彩纷呈，顾客对家具产品可选择的范围大，如图3-5所示；但产品同质化严重，同类产品在功能方面没有很大区别，无形中也加大了顾客做出购买决策的难度，如图3-6所示。

顾客从不同渠道收集到信息后，便会根据个人情况，如个人经验、兴趣爱好、经济状况等，对可选择的品牌进行全面、综合（家具产品的质量、款式、价格、品牌、服务等）的分析和比较，如图3-7所示。

很多品牌在产品的功能、样式方面具有高度的相似性，品牌竞争重点不再局限于产品本身，这时家具导购员的因素就更为重要。

通过与顾客的初步接触，把握其对产品的关注重点，分析可能影响顾客消费行为的相关因素；反复提及顾客感兴趣的产品信息、品牌优势，增加顾客对本品牌的购买决心。

（4）产生购买决策

由于原来的家具无法使用、遇到家具商场优惠价促销、家里重新装修或者搬家等因素，进一步刺激了顾客的购买决定，他们开始由当初购买家具的想法转化为明显的行动了。当顾客反复比较同一件产品、特别关心价格和赠品、关注售后服务等，表现出明显的购买信号，说明这件产品已经被列入他的品牌候选清单。这是导购员表现的最佳时机，也是顾客决定是否购买最为关键的时期。

应对策略：一是要解决顾客对产品的所有问题；二是为顾客提供有价值的建议，让他知道你站在他的角度为他着想；三是使用已成交顾客名单。

2．购买阶段——产生购买行为

销售与购买是家具导购员与顾客的一种交往活动，这一交往活动是在家具导购员、顾客与产品三者之间展开的；家具导购员是顾客与产品之间的桥梁，通过导购员的介绍，顾客可得到更多关于产品的信息。

在接待过程中，由于双方的特殊关系，顾客常常对导购员怀有戒备心理，所以会尽可能全方位、多角度地证实自己的购买物有所值、物超所值，以及对卖场环境和导购员的行为举止的观察，形成对家

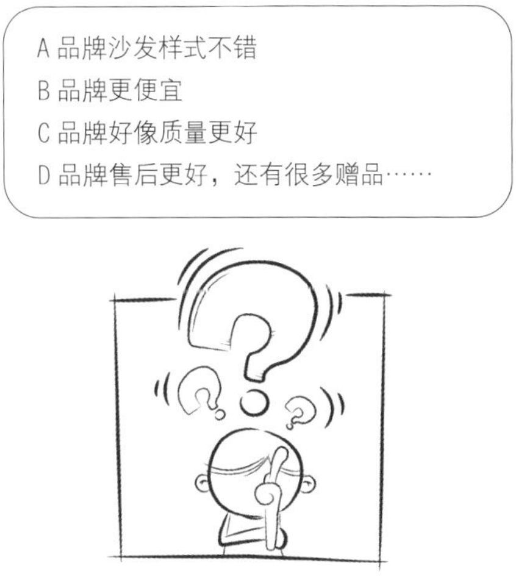

图3-7　顾客评价选择

具品牌、产品的认知，判断自己是否可以做出购买决策。

3. 购后阶段——购后评价与行为

顾客购买了产品，并不代表销售工作结束，反而应该把这个“终点”当作销售服务的起点。产品实用性能是否良好？室内布置是否合理？与环境是否协调？使用效果是否如预期？这些都会影响顾客的使用感受，并结合他人对该产品的评价，最终对自己选购的产品做出评价。

顾客使用产品后，如果其需求得到满足，带来愉悦感，则满意，否则不满意。

购后评价会影响顾客是否再次选购该品牌产品，甚至会影响到他身边朋友、同事等相关群体的购买行为。当顾客经历了一次愉快的购物，他不一定会分享给身边人，但不愉快的遭遇一定会向他人倾诉。

销售家具不是唯一目标，获取顾客的认同和口碑比销售一套家具更为重要和艰难。例如：顾家家居有一年一度上门免费清洗沙发的服务。2017年3月16日，顾家家居举办用户大会，此次邀请的用户主要是购买过其产品的老客户，目的在于增强与消费者之间的黏性，提升品牌口碑。

培养一个新顾客的成本远高于维护一个老顾客的成本。如今激烈的市场竞争环境，更多家具品牌重视的并不只是市场占有率，反而更加注重维护与顾客的关系，注重售后服务。培养顾客的品牌忠诚度是家具企业的追求。

二、不同消费群体的消费行为分析

物质的充裕促进了消费者对于高品质家具产品的需求，依据马斯洛需求层次理论（图3-8）分析，家具消费者对于家具产品的需求已经从基本的生理需求和安全需求向更深层次的需求方向升级。产品是否具有独特的文化内涵、是否符合人体工程学、是否存在有害物质释放、使用过程中是否安全等成为消费者选购家具的重要参考标准。顾客选购家具产品，不再局限于“能不能用”，而更加在意“好不好用”。

三、不同消费群体的消费心理及行为分析

一般将具有某些共同购买行为特征的顾客划分为一个消费群体。而顾客的购买行为受多方面因素影响，如年龄、性别、个性特征、兴趣爱好、生活方式等内在因素，生活环境、受教育程度、收入情况、生活阅历等外在因素，都会直接影响购买行为。

同一消费群体会表现出相同或相似的消费心理、消费行为，不同消费群体间在消费心理、消费行为、消费习惯等方面存在差异，如图3-9所示。

（一）不同年龄消费群体的心理及行为特征

年龄对家具消费行为的影响

随着年龄的增长，顾客会养成不同的消费习惯，消费需求、购买行为也会发生变化。根据年龄差异，可分为老年消费群体、中年消费群体和青年消费群体。

1. 老年消费群体

《中国发展报告2020：中国人口老龄化的发展趋势和政

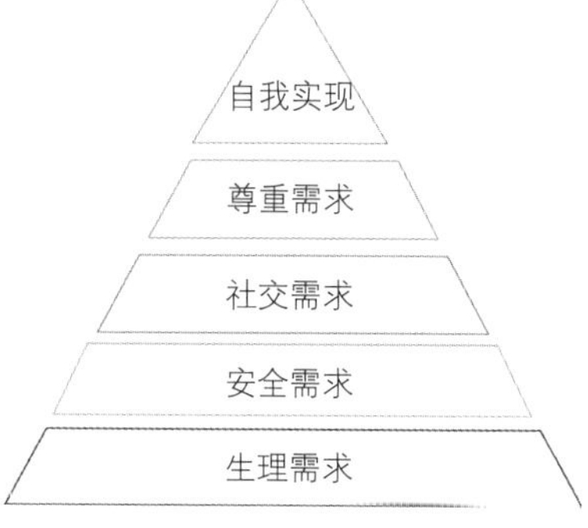

图3-8 马斯洛需求层次理论

不同年龄人群和家庭的消费兴趣			
人群分类	消费兴趣	家庭规模	消费兴趣
儿童	糖果 零食 玩具	单身青年	穿戴 娱乐
青少年 （冲动型）	新潮 时装	二人家庭	家具 电器 旅游
中年 （理智型）	家庭用品	幼儿夫妇	婴儿食品 玩具
老年 （习惯型）	保健品 高质量	入学夫妇	交通工具 文教用品

图3-9 不同年龄和家庭的消费兴趣

策》：自2000年我国进入老龄化以来，我国人口老龄化的程度将持续加深。伴随人口老龄化的到来，老年群体已成为又一庞大的消费群体；分析老年群体消费特点，满足老年群体消费需求是非常必要的。

老年消费群体因年龄、阅历等因素，有念旧情怀，并在几十年生活习惯的影响下，形成了比较稳定的消费习惯；老年消费群体消费观念较为成熟，趋向理性消费，对原有物件比较留恋，对新鲜事物常常持有怀疑的态度。老年群体选购家具时更注重产品的实用性、便捷性、安全性、舒适性。

针对老年消费群体，侧重推荐使用便捷、价格实惠、安全舒适的产品；在推荐产品过程中，亲自体验、充分展示等环节，能够坚定老年群体购买决心。

2. 中年消费群体

作为家庭经济的主要承担者，中年消费群体具有较强的购买能力，购买活动较多；伴随年龄的增长，中年消费群体具有丰富的生活阅历，他们在选购家具时大多表现较自信、情绪平稳、消费理性。

3. 青年消费群体

“90后”形成购买力，新一代的年轻人已经逐步成为家具市场的主要消费群体。青年消费群体具有较强的独立性和购买能力，同时有巨大的消费潜力。

在消费心理与消费行为方面表现为：对新事物有极大兴趣；追求产品时尚、个性；更容易接受产品新功能、新理念。面对青年消费群体，建议导购员选择时尚、个性的产品，满足其引导消费潮流的心理。

（二）不同性别消费群体的心理及行为表现

随着女性越来越经济独立、个性化消费、追求品质生活等，这个群体爆发出的消费潜力逐渐在各个领域显现，包括一些男性消费居多的领域。

不同性别顾客对不同种类产品的消费需求有明显的差异性；然而在选购同一产品时，男性与女性同样存在不同的消费心理，消费行为大不相同。

在选购家具产品时，男性顾客表现得更理信，更注重商品的质量和使用效果；女性顾客更感性，更加注重商品外观。

1. 男性消费群体

男性顾客选择家具产品时，更注重产品功能和实际效用，在购置大件贵重产品时有较强的理性支配能力。男性顾客的购买动机一旦形成，行动就比较果断迅速；他们一般不愿花费较多的时间挑选、逛商场，对烦琐的手续较为反感，力求购物方便、快捷；看到他们喜爱的产品时，如果能够满足需要，就会做出购买决策。

2. 女性消费群体

女性消费群体人数众多，在购买活动中起着重要的作用；在购买家具产品时，更注重产品的设计、色彩、款式，产品的外在视觉效果更易吸引女性顾客注意；消费行为表现出感性特征，更注重服务感受；由于女性群体消费经历较丰富、弹性较大，加之女性特有的细腻等特点，选购产品的挑剔程度较男性更高。

容易被忽视的是女性群体通常有较强的表达能力、感染能力和传播能力，她们更愿意把自己购买产品的经历和接受过的服务感受与他人分享；不论对产品或品牌满意与否，都有可能影响他人购买行为。女性群体是产品口碑的树立者，同样也是接收者，购买决策也较易受到其他消费者影响。因此，女性的购物感受更需要引起关注。

（三）不同收入消费群体的心理及行为表现

一个人的收入状况与其购买能力直接相关，决定了实现消费期望的能力，直接影响顾客的消费心理。按照收入高低，可将顾客划分为：低收入群体、中等收入群体、高收入群体。

收入对家具消费行为的影响

低收入群体在选购家具时，由于没有足够的购买能力，需求集中在产品能否维持基本生活；非常重视产品的价格，更追求家具产品的使用功能。中等收入群体，已有一定的积蓄，更倾向于家具产品的品质、品牌。已满足生活需求的高收入群体，在购买产品时，不会太多考虑价格；排斥大众化消费，追求高层次的个性化消费。导购员在服务时带给顾客的感受，会直接影响顾客的购买行为。

（四）不同个性特征消费群体的心理及行为表现

性格是在人的心理素质和后天的社会实践活动共同作用下形成的，是一个复杂的心理构成。不同性格的人会有不同的做事风格，在选购产品时也会有截然不同的表现。

1. 按顾客在卖场的情感反应分类

（1）沉稳型（安静）顾客

（顾客神情严肃地进入店内）

导购员：您好，欢迎光临××家具。

（顾客不动声色）

导购员：您需要什么样的家具？我给您介绍一下。

顾客：随便看看。（表情没变化）

导购员：今天天气不错，不过据说明天又要下雨了啊！

顾客：是啊，老下雨，挺烦人。

这类顾客在选购产品过程中，体现出谨慎、敏感的消费行为特点；对周围环境很敏感；性格内向，防御心理强。

（2）兴奋型顾客

顾客（父亲）：（大喊）有没有人啊？

（此时正在店内打扫卫生的导购员快速走向顾客）

顾客（父亲）：这什么东西啊？怎么那么贵啊？

导购员：先生，您好！请问有什么可以帮到您？

顾客（父亲）：你家的东西也太贵了，真是乱要价。

导购员：（半开玩笑、半严肃）那么您认为这套沙发值多少钱呢？

顾客（父亲）：这价格我怎么说？

导购员：没关系，您说说看，您认为值多少钱？

顾客：最多也就××元左右吧！

导购员：可不是啊，以前我也是这样认为，我觉得也就最多值××元吧。（听到很低的价格并没有马上

提出质疑，而是告诉顾客我能理解你的想法）

导购员：逛了一天也够累的，您坐下来休息一下，喝杯茶。

导购员：您看我们这款沙发，是××面料，它的海绵也要比其他品牌的厚很多（把沙发套脱下来给顾客看），您再看我们沙发的款型非常大气，摆在家里会显得特别气派。

…………

通过以上案例可以看出，该顾客在消费过程中情绪变化较激烈、感情丰富，是典型的兴奋型顾客。此类顾客行为特点为产品、品牌带给顾客的体验感受会轻易引起激烈的反应；易冲动，常对导购员有命令式语气；购买决策受情绪影响很大。

（3）活泼型顾客

顾客：你看我又来了！（这位顾客在上周来过，且比较喜欢这种产品。通过谈话可以知道，她是一位容易交往的人）

导购员：罗姐，很高兴又见到您！

（请顾客坐下来，并递一杯水）

导购员：罗姐这几天在忙着收拾新房子吧？

顾客：对啊，很忙的。

导购员：很快就要搬家了，如果今天看好了家具就定下来，是吗？

顾客：如果今天定不下来，过几天也要定，不能再拖了。

导购员：罗姐，您也看过我们产品两次了，我真的想知道您的想法。

顾客：说实话，我自己很喜欢你们的产品。

从案例中不难发现，这类顾客消费行为主要表现出对周围事物比较关心，性格开朗，善于表达自己的想法，待人较随和，不拘小节，伴随环境的改变而转变自己的购买目标。

2. 按顾客购买行为分类

（1）理智型顾客

导购员多次尝试后，顾客仍没有沟通欲望。

导购员：（倒了一杯热咖啡微笑着递上）您喝杯咖啡吧，您先自己看看，有什么需要就叫我。（稍稍后退两步，与顾客保持适当距离，继续跟随顾客）

（顾客在书房展区停下，来回看）

导购员：这款大书桌在我们这里销量很好，特别是像您这样很有气质的先生，都选这款书桌。

顾客：（似乎有些动心）这是什么材质？

导购员：板材，高密度板的。

顾客：甲醛含量多高？

导购员：我们这种板是采用先进的工艺生产线，经过……而成的，符合国家环保质量标准，您看这里有认证。

顾客：表面材料是什么？

导购员：三聚氰胺。

顾客：三聚氰胺？化学物质啊！

导购员：这种材料一样环保，它的特点是防滑、不怕烫、耐磨、耐高温，它是一种……加工而成的复合材料，现在很多家具都使用这种材料。

（顾客开始有表情变化，露出温和的笑容，接着提问……）

在以上案例中，顾客为什么会表现出很抗拒和销售人员沟通？

仔细分析会发现，这类顾客对产品或自己的需求很了解，是典型的理智型顾客。理智型顾客在选购家具时的主要表现：做事冷静，不外露情绪；不愿意与导购员有过多交流，更不会与对方谈论与产品无关的话题；对自己的想法较执着，受外界影响小，购买目标明确；对导购员的服务细节很关注。遇到理智型顾客，对导购员来说无疑是巨大的挑战。对待这类顾客，要在沟通过程中保持真诚，态度诚恳，言辞果断，使其具有安全感；同时要认真分析顾客真正的需求，力求做到懂他。

（2）习惯型顾客

习惯型顾客具有选购家具的经验，再次产生家具购买行为时，习惯参照以往的购买和使用经验；受潮流、时尚的影响小，不会轻易改变自己的购买决策和目标。

（3）经济型顾客

导购员：周小姐，您除了想了解衣柜之外，还有其他需要吗？

顾客：我只想看看衣柜。

导购员：这个衣柜怎么样？我看您也挺喜欢的。

顾客：我比较喜欢你们这种产品的颜色，设计也不错。

导购员：对。

顾客：这组衣柜多少钱？

导购员：这组衣柜还有一个很大的好处就是可以灵活选配，如果您的房间大，需要放很多东西，可以选两个两门的、一个三门的进行加宽，都可以自行组合，非常方便。（让顾客全面了解产品优势，避免过早谈论价格）

顾客：嗯，如果价格合适的话，我可以考虑。

导购员：这款家具的总价是××元，而您所期望的价格是××元，两者相比，就差了××元。您想想，一套家具一般可以用十年，平均一年您只需多投资××元，一天就不到××元，对吗？一天多花点钱，可以用上一套品牌家具，多合算呀，而且××家具摆在家里，亲朋好友肯定特别羡慕您！

经济型顾客为庞大的消费群体，对产品价格较敏感，有预算和计划性。遇到这类顾客，导购员要客观、有针对性地考虑，推荐产品时，让其感受到“物超所值”。

针对经济型顾客销售重点：选择性价比高的产品；重点介绍“贵”的原因（材质、耐用、环保等）；强调“难得的特价和促销活动”。

（4）挑剔型顾客

（顾客第五次走进家具店）

导购员：王女士，您今天又来看家具了？

顾客：是啊，今天有点时间，就再过来看看。

导购员：您说得对，买家具就是要精挑细选，多多比较，才不会让自己后悔。您对我们的家具还有什么顾虑吗？您尽可以说出来，我看能不能帮您解决。

顾客：你说这个枣红色的好，还是柚木色的好呢？

导购员：我记得您家住在高层，而且装修风格偏中式，所以我建议您选择枣红色，这些跟您家里的风格非常相配。买家具就像买衣服一样，讲究整体的搭配，如果搭配得当，自己看着都高兴，您说是不是？

顾客：嗯……我对你们的产品确实很满意，但××品牌看上去也不错，而且比你们的要便宜。（看来这

几次顾客迟迟下不了决心的原因是嫌价格贵。此时导购员不能不耐烦，而要帮助顾客打消价格的顾忌）

导购员：××家具的确价格便宜一些，但您可以想一想，一直以来，您买过质量好同时价格又很便宜的东西吗？要想质量有保障，一定的投入是必不可少的，毕竟一分价钱一分货，您说对吗？（面带微笑）

顾客：（还是有些犹豫）我还是想再考虑一下。

导购员：没关系，只有像您这样买东西才能真正买到优质的产品啊！我愿意随时为您提供帮助。

（顾客在第七次来时终于买了这家店的产品）

挑剔型顾客不会立即做出购买决定，往往会随着环境的改变而转变自己的观点；挑选产品仔细、认真；希望得到别人的建议，难以产生购买决策。顾客之所以会出现这样的行为，是因为不清楚最适合自己的是什么，对自己的购买需求不明确。相比于了解产品，他更需要一个他信赖的人替他拿主意。此时，家具导购员想替顾客拿主意，就要根据顾客个人情况，站在顾客的角度考虑问题，用坚定的语气给顾客一个（记住只能是一个）合理的建议。

四、其他因素

1. 社会文化因素

中国传统文化正在以各种方式重现。国内有好产品，消费者也有发现国产产品之美的眼睛；更多人已收回目光，看向国内市场。以家具风格为例，虽然多元化的家具风格满足家具消费需求，但不同风格的家具产品占比却有着明显区别：北欧风格的家具产品依然深受年轻群体的喜爱；各种不同家具风格都向轻奢和极简的方向发展；随着国人对传统文化的不断关注，新中式家具俨然已成为当代人的文化自我认知符号；而其“传承与创新”的理念，使他们更容易对新中式家具产生特有的情愫。现实生活中，新中式家具更是得到了大众的认可。

不同风格、不同档次的家具所体现出的生活品位、文化内涵也不尽相同；社会文化因素同样直接影响着顾客的消费行为。

2. 导购员因素

销售的本质是家具导购员为顾客提供的一种服务，这种服务不仅包括商品咨询、介绍、展示，还包括有效沟通给顾客带来的某种心理感受。是否能够从众多竞争品牌中脱颖而出，家具导购员的作用很关键；与顾客沟通的过程中，准确了解顾客需求，确认顾客关注重点，充分将商品、品牌价值所带来的利益点展示给顾客；准确把握顾客消费心理、消费行为特点，引导顾客做出购买决策。

激烈的家具市场竞争环境，对导购员提出了更高的要求。同时，伴随家具消费需求的升级，顾客越来越在意服务品质。

拓展训练

1. 作为购买决策者，你购买过的价格最高的商品是什么？按照家具购买决策过程，分享这次消费经历，在这次经历中，促使你做出购买决策的有哪些因素？
2. 观看视频并总结职业对家具消费行为的影响。

职业对家具消费行为的影响

任务二　判断家庭消费决策者

家庭消费行为是消费行为中的一个重要组成部分。家庭作为一个消费单位，选购家具等生活必需品是常见的，甚至某个家庭成员个人使用的产品，所有的家庭成员都可以发表意见，都有可能成为影响其购买行为的决定因素。

如果全体家庭成员的意见完全一致，购买决策的产生则非常简单；而更多的情况是家庭成员的意见存在分歧，各家庭成员在购买决策过程所发挥的作用不同，对家庭购买行为分析就变得尤为关键。

一、不同家庭规模消费群体的心理及行为表现

家具不同于其他消费品，一般情况是以家庭为单位产生购买行为，如图3-10所示。家庭各成员的态度和参与决策的程度，都会影响购买行为。如单身时期，消费行为自我、享受、求美、求新；有孩子的家庭，购买家具时更在意材料的环保性、工艺的安全性；与老人共同生活的家庭，更喜欢购买舒适、功能简单的家具产品。

1. 单身人士

由于没有家庭压力和负担，单身群体在消费过程中完全以自我为核心，消费动机基本都以自我需求为导向。处于此阶段的群体在选购家具产品时，更注重产品是否能够满足自身的使用需求，更加追求产品的使用功能。

家具导购员可以推荐适合单身贵族的家具，设计理念以个性、时尚、自由为主，一个自己的空间、一套精致的家具、一束花和一盆草、一张照片、一本书，原来，一个人的日子也可以这么美好，如图3-11所示。多功能储物抽拉床，考虑到单身贵族或小户型家居空间，同时满足对家具坐、卧、储物等使用需求，如图3-12所示。

2. 二人世界

据统计，新婚购置是购买家具的主要原因之一，全国每年约有2000万青年男女进入适婚年龄，新组成的家庭需要装修和购买家具，这部分新组建的家庭是家具的主要消费群体。由于年龄因素，他们更容易接受新潮、独特、个性的家具产品；注重产品感受，易产生冲动消费；在选购家具时，更倾向适合小户型使用的多功能、多组合家具，例如新型折叠家具；由于缺乏家具购买经验，比较在意他人意见。

家具导购员可以推荐适合准备结婚、已婚未孕家庭的二人世界的家具，设计理念以在一起、小情调、新生活为主，例如步入式台阶榻榻米，既能满足三五好友相聚，还兼具强大的储物功能和满足客人留宿需求，美观与实用并存。

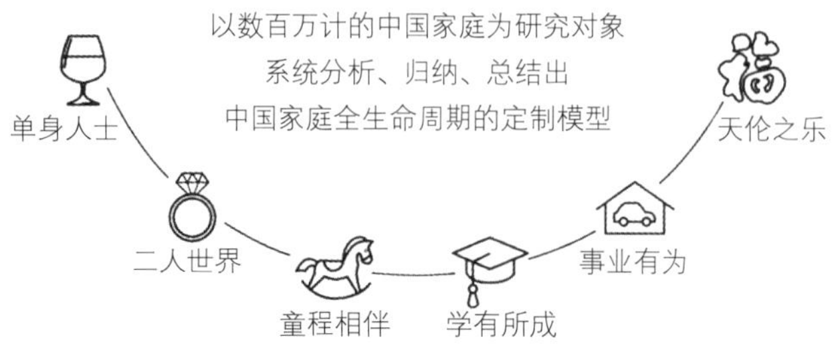

图3-10　中国家庭全生命周期的定制模型

图3-11　单身家具

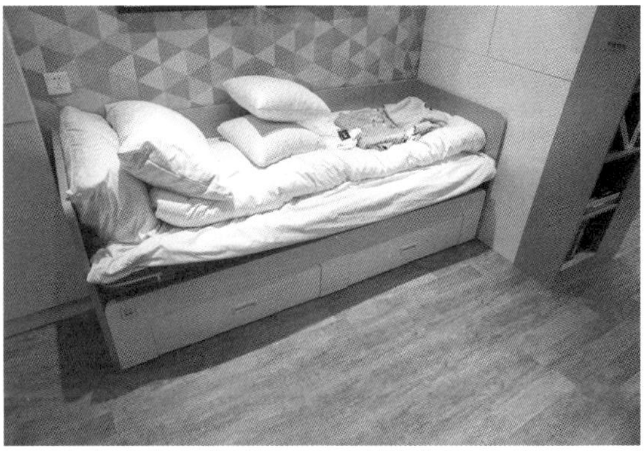

图3-12　多功能储物抽拉床

新婚时期案例

新婚家庭家具消费行为

导购员：您好，欢迎光临××家具。想看卧室家具吗?

（顾客礼貌地点头示意）

导购员：您可以体验一下，这几天忙着收拾新房子吧?（尝试发掘顾客需求，判断其是否为潜在顾客）

男顾客：嗯。

导购员：装修房子就是很辛苦，装修得怎么样了?

男顾客：差不多了。

导购员：看您二位打扮时尚，新房子也一定很漂亮！

（女顾客点头微笑表示赞同）

导购员：您看这套卧室组合家具，是我们品牌刚刚推出的新款，是你们喜欢的风格吗?（寻找顾客关注点）

女顾客：看起来还不错。

导购员：请问您新房装修以什么颜色为主呢?

女顾客：浅色，乳白色的。

导购员：那这套卧室家具摆在您家里还挺合适的。这套家具是新款，您要是定了这套家具，就是第一批使用者哦。

女顾客：是吗?

导购员：对啊，新房子配新款家具，你们的小日子也一定会甜甜蜜蜜的。

女顾客：谢谢！老公，你看呢?

男顾客：我还是比较关心尺寸和功能。

导购员：好，我仔细给您介绍一下这套卧室组合家具。

3. 童程相伴家庭

（这位顾客多次看过产品，但依然下不了决心）

导购员：丁老师，您家里有几位成员呢?

顾客：我太太，还有一个小孩。

导购员：多幸福啊！您太太做什么工作?

顾客：她在一家贸易公司做财务工作。

导购员：您孩子还小吧?

顾客：是啊，才5岁。

导购员：丁老师，我想向您请教一个问题，您认为对孩子来说是健康重要还是成长重要?

顾客：这个，简直一个比一个重要。

导购员：做父母的愿意为孩子的健康和成长做任何事。您认为呢?

顾客：这是肯定的。

导购员：家居环境可以影响到一个家庭的幸福，可以影响到孩子的健康和成长，您会不会也这样想?

顾客：有道理！

这一时期是浪漫的“二人世界”时期向三口之家的转变；此时子女年龄尚小，家长都想为孩子营造好的生活氛围，整个家庭的消费重点较上一时期发生了改变；儿童用品的消费需求大幅度上升。随着居住条件的不断改善，子女都有自己的居室，儿童家具已成为市场的消费热点之一；实用、安全的儿童家具更受欢迎。

家具导购员可以推荐适合已孕人群、小孩0~5岁的家庭的家具，设计理念以陪伴、安全、收纳为主，例如可画画的柜子、折叠学习桌、圆弧角处理、安全拉手等，如图3-13所示。

4. 学有所成家庭

导购员：王先生，您来了，最近可好？

男顾客：嗯，今天刚好有时间，就来看看。

导购员：（倒水请坐）怎么样？之前看的这套客厅家具您考虑得怎么样了？

男顾客：你看这个可以么？可以就买了？（对着爱人）

导购员：女士也不要不发表意见，您待在家里时间长，所以您的意见很重要啊。

女顾客：这么着急干吗？我们再去其他家看看……

导购员：女士，您先生真的非常喜欢这个产品，我们沟通了很久，付出了很多时间，我也不希望你们走掉，能否给我一个机会让我了解一下您不满意的地方在哪里？（肯定是我在某些方面没说清楚，让我给您再解释一下）

女顾客：它的性价比不高，设计风格也跟我们家不匹配，我们以前用的就是××品牌，用得很好。（说完就要拉着男顾客走）

导购员：那么您觉得您现在的家具什么地方比较让您满意呢？

女顾客：××品牌材质、样式、风格都让我很满意，

图3-13　全方位安全防护

而且价格也很合理。

导购员：女士，您真的很专业；而且我也能够理解您用习惯了就有感情啊，不过换一个品牌未必就比以前的差，我给您介绍一下我们家具的特点吧，相信您会喜欢的……

导购员：此款产品除去金属配件，以木脚和木架的原始材料做主打形象与有力衬托……

女顾客：嗯……听起来还不错。

导购员：对呀，这款产品正好与您的气质十分契合，让您尽显尊贵。

导购员：您家里平时客人多吗？

女顾客：还可以。

导购员：您住在高档社区，好房子也需要高品质的家具去搭配。

（听了导购员的一番话，顾客显得非常高兴，但还有些犹豫）

导购员：这款就是为您这样的尊贵客人准备的，让您特别有面子。要不今天就定了吧？

女顾客：老公，你看呢？

男顾客：嗯，我觉得还可以，就定下来吧！

处于这一时期的消费群体，由于开始或已经步入中年，家具需要更新（更新家具的原因可以是追求新的使用功能，也可以像案例中一样，家庭氛围也代表了个人审美、品位与地位）。处于此阶段的顾客消费行为特点为经济收入有所增加或有一定经济基础；由于生活阅历或之前的购买经验，使顾客在选购产品时表现得更加自信；选购产品更注重舒适性、品位感；同时，伴随子女的成长，在进行家庭购买决策过程中，会征求子女意见，尽量满足子女要求。

家具导购员可以推荐适合有6~15岁孩子家庭的家具，设计理念以乐享、培

养、舒适为主，例如卡座内可放置书刊，可升降、折叠学习桌，不占用空间，坐在卡座边辅导孩子学习也很方便，如图3-14所示。步入式衣帽间，你想象不到的大容量，衣服、包包都有专属地方，这样贴心的设计，一眼便爱上，如图3-15所示。

5. 事业有为家庭

家具导购员可以推荐适合小孩高中、大学、出国的家庭或顾客年龄40～55岁家庭的家具，设计理念以稳重、品位、尊享为主，例如客餐厅家具整体可以以深色系为主，如图3-16和图3-17所示，营造出富有诗意的空间氛围；铝合金边框结合茶色玻璃，大气美观。

6. 尊享时期（天伦之乐）

家庭规模发展到这一阶段，经历了原本家庭的解体。在我国的多数家庭中，子女经济独立，会建立自己的小家庭，老年夫妇独自生活的案例较多。

在这一时期，家庭中的男、女主人即将退休或已经退休，子女有稳定的收入来源，使工作与生活的负担减轻了不少。

此阶段顾客的消费行为特点为在选购产品时可以接受产品的价格区间较大；这类家庭消费欲望较低，很少购买大件消费品；注重价格、质量、功能，很少盲目消费；青睐易打理、功能简单的家具产品。

图3-14　成长学习角

图3-15　步入式衣帽间

图3-16　深色系客餐厅

图3-17　柔软床屏

二、家庭决策方式对消费心理及行为的影响

在接待过程中，夫妻共同来店选购产品的情况较多，夫妻在产生购买决策的过程中扮演不同的角色，可能会受性格、家庭角色等因素影响；一旦家庭成员的意见出现分歧，其中手握决定权的家庭成员做出购买决策，判断谁为决策者更为关键。

以现代家庭为例，主要存在以下四种决策类型。

1. 丈夫决策型

丈夫决策型

（一对夫妻在一家板式家具店中看产品）

导购员：欢迎来到××家具，您可以随便看一下。

女顾客：嗯，样子看上去不错，我挺喜欢的。

导购员：我觉得这套也非常符合您的气质。

女顾客：（开心）老公，你觉得呢？

（男顾客没有发表意见，开始仔细看产品的细节）

导购员：是啊，先生也别不说话，您的意见也很重要！

（导购员尝试与男顾客沟通，发掘男顾客的需求）

导购员：这款产品主要的材料是……（导购员发现顾客正在关注产品的做工，所以马上告诉顾客产品的材料、工艺、技术等方面的独特优势）先生，从您看家具的样子就可以看出您很懂家具！

男顾客：了解一点而已，我看这件产品的质量还不错，不过好像有一点油漆味。

导购员：这件产品前天刚打开外包装，您都这么专业，当然您也知道再好的家具刚生产出来都会有一点油漆味，您放心，过几天就没有味道了。（打消顾客的顾虑）

男顾客：我看有些品牌家具就没有这种气味。

导购员：没有气味的产品应该是开包装很长时间了，您可以看看后边的这些产品，一点气味也没有。您放心，我们的产品具有质量检测证书。（继续打消顾客的顾虑）

丈夫决策型多存在于两种家庭：一种是指在家庭中丈夫拥有决定权，大小事情均由丈夫做主，因此家庭消费活动安排也由丈夫做主；另外一种情况是家庭购置大件、贵重、结构复杂的产品时，丈夫会有较强的理性支配能力，因此家庭消费决策便由丈夫做出。

男性顾客的家具消费特点也会影响到丈夫决策型消费群体的决策。

2. 妻子决策型

妻子决策型

导购员：周小姐，您看还有其他问题吗？我看你们都很喜欢这个床，那就定下来吧！

女顾客：老公，真要买这么贵的床吗？太贵了。

（男顾客不说话，似乎一直在思考什么……）

导购员：床要买好一点的，你们平时工作这么忙，而且您说您老公还要经常出差，睡个好觉比什么都重要啊。

女顾客：对啊，我老公工作强度很大，平时我也非常注意他的休息。

导购员：我看你们也别犹豫了。这样，我再送您一个四件套，要不今天就定了？

女顾客：老公，你说呢？

男顾客：你喜欢吗？

女顾客：嗯，还挺喜欢的，而且还有赠品。

男顾客：听你的，只要你喜欢就行。

导购员：看您老公多爱您啊！真羡慕您！

女顾客：买吧，反正要买的，床还是要舒服一点。买吧，再缺也不缺这点钱。

妻子决策型群体，妻子在购买决策中起着重要的作用。一般情况下，女性在家庭中具有多种身份：母亲、女儿、妻子等，家庭劳动包括家庭采购工作大部分由妻子承担，这类家庭在城市比较普遍，因此妻子是绝大多数家庭消费的购买决策者。

3. 夫妻共同决策型

夫妻共同决策型

顾客：你看我又来了！（这位顾客在上周来过，且比较喜欢这种产品，约好这周带先生一起过来店里）

导购员：张姐，很高兴又见到您！

顾客：我老公等一会儿过来，我先在这等他一下。

导购员：张姐这几天在忙着收拾新房子很累吧？喝杯水休息一下。

顾客：对啊，很忙的。

导购员：很快就要搬家了，如果今天看好了家具就定下来，是吗？

顾客：如果今天定不下来，过几天也要定，不能再拖了。

导购员：张姐，您也看过我们产品两次了，我真的想知道您的想法？

顾客：说实话，我自己很喜欢你们的产品，我老公对你们的产品和另外一家产品都比较喜欢，他还在考虑到底应该选哪一家。

导购员：嗯，就是您和您老公两个人都比较满意我们的家具，是吧？（确认顾客的意思，是积极倾听的表现）

顾客：我们都喜欢这种，不过我老公对另一家产品也很感兴趣。

导购员：另一家是指哪一个产品？我猜想，您老公会尊重您的选择。（试探他们夫妻一般由谁做主）

顾客：他喜欢××的产品，我们都很尊重对方的想法；但我如果坚持，他也会支持我的。

导购员：真羡慕您有一个这么好的老公！

顾客：人家也这样说，我老公这个人比较有魄力，这次说买房就买了！

导购员：哦，看您多幸福啊！您老公一定很体贴您！（这位顾客很有可能要求她老公选择这个产品，现在导购员应当与这位女士培养良好的感情，拉近双方的距离）

如今人们不受传统观念束缚，夫妻双方关系融洽，经双方协商后产生决策的“夫妻共同决策型”购买案例较多，这类家庭在城市中比较普遍。

夫妻共同决策型是指家庭消费决策并非由某一个人做出，而是由夫妻双方共同协商后做出，但产生购买决策的过程相对较长。

4. 各自决策型

夫妻双方均有较高的经济收入，各自的事业、个性、生活追求有较大的差异性，为充分尊重对方的兴趣爱好，家庭消费支出各自做主，互不干扰，这类家庭属于典型的开放性家庭。

事实上，越是进入购买决策的后期，家庭成员越倾向于联合做决定。此外，夫妻在产品特性选择方面的影响作用也存在差异；家庭决策类型并非由个别因素所决定，也不是固定不变的。实践表明，很多因素的变化都会使家庭决策类型发生变化。顾客的家庭状况，因为年龄、婚姻状况、子女状况等不同，可以划分为不同的生命周期，在家庭生命周期的不同阶段，顾客的家具消费心理与行为呈现不同的特性。

拓展训练

自选顾客类型，运用所学方法编写导购语，进行情景模拟演练。

1. 共同决策型顾客；
2. 丈夫决策型顾客；
3. 妻子决策型顾客；
4. 各自决策型顾客。

情境四　推荐产品

学习目标

通过本情境的学习，掌握家具产品的材料卖点、功能卖点、价格卖点、工艺卖点、文化卖点和附加价值卖点及推荐方法；能够结合顾客的购买意向对家具进行介绍；通过学习，使学生能够具备敬业精神，培养责任感、事业心，保持高昂的热情和务实苦干精神。

任务一　推荐产品的材料卖点

顾客在选购家具过程中，家具产品的材料是顾客十分关心的。外观、功能、结构以及产品性能等都会被产品的材料影响。首先材料会影响整个家居产品的内在结构，例如实木家具部件可以采用榫卯结构，而板式家具部件接合则采用五金连接件。家具的材料还会影响整个家居产品的外观造型和使用舒适度，例如纯木质的沙发，给人较为强硬的感觉，造型也较为挺直，入座后会有较为坚硬的感觉；而柔软的皮质沙发，视觉上柔化了坚硬感，坐感也会更加舒适。产品材料可以让家具产品外在美观舒适，内部结构坚实、坚固，提升家居产品品质，材料既是产品价格的体现，也是价值的体现。作为家具导购员，要明确家具产品在材料上的卖点，利于促进成交。

一、家具材料的种类

家具作为有着深厚历史的家居产品，随着现代科技的不断发展，制作家具产品的材料种类也不断丰富，但无论材料的种类如何发展，对于顾客来说，了解家具的过程基本上由外而内，因此在进行产品材料介绍的过程中可以采用由外而内，为顾客层层剖析。

1．家具的外部材料

家具的外部材料是能够被直观感受的材料，需要导购员能够将外部材料的特征进行展示。常见的外部材料除板式家具和实木家具常用的饰面材料，如原木贴皮、原木复合贴皮、塑制贴皮、防火板等，还有软体家具的皮革、布艺等。对于导购员来说，要能够快速、准确、翔实地了解家具的材料要点，能够结合顾客需要进行相应的产品介绍。家具的外部材料是能够用肉眼直观看到的，也是在进行产品介绍过程中为顾客呈现的重点。常见的家具外部材料如下：

（1）原木贴皮

将实木切成约2mm厚的木片，经特殊粘连，贴在家具表面，再经过上漆制作而成。特点为触摸光滑，用手指敲扣木板有厚实感，表面木纹清晰但不规则，如图4-1所示。常用的有樱桃木、枫木、白榉木、红榉木、柚木、胡桃木等。对于原木贴面材料，重点在于强调原木的树种以及纹理特征，能够起到装饰作用，便于消费者认知和直接感受。

图4-1　原木贴皮

（2）原木复合木皮

用不同颜色的原木皮一层一层叠起来，经树脂高压胶合形成木方，再从剖面切片，形成颜色不同、木种不同的新型木皮。饰面的纹理相对来说较为均一，能在家具表面形成稳定的装饰，如图4-2所示。在对此类饰面材料介绍时，重点在于纹理特征和装饰效果，强调纹理的均一和稳定。

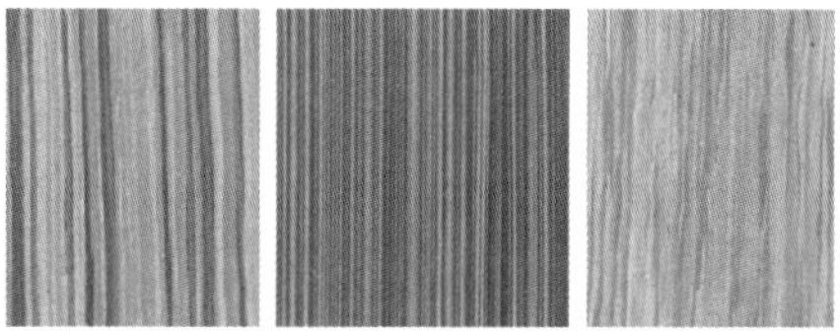
图4-2　原木复合木皮

（3）塑制贴面皮

这类贴面为石化产品，表面经专用印刷机印刷木纹和花饰，背面备胶，经过热压精密仪器胶贴而成。纹饰种类丰富，可以根据需要选择不同种类的装饰纹样进行装饰，如图4-3所示。对于消费者来说，塑制贴面皮的颜色、纹理和质感可选择性更为广泛。

图4-3　塑制贴面板

（4）防火板

防火板又称耐火板，学名为热固性树脂浸渍纸高压层积板（HPL），是表面装饰用耐火建材，有丰富的表面色彩、纹路以及特殊的物理性能，由原纸（钛粉纸、牛皮纸）经过三聚氰胺与酚醛树脂的浸渍工艺，再经过高温、高压环境制成。防火板贴面耐磨且不怕烫，有木纹、素面、石纹或其他花饰，多用于板式家具、橱柜等，如图4-4所示。专业性过强的名词，顾客的接受度不高，可以采用俗称或者突出功效的方式进行介绍。

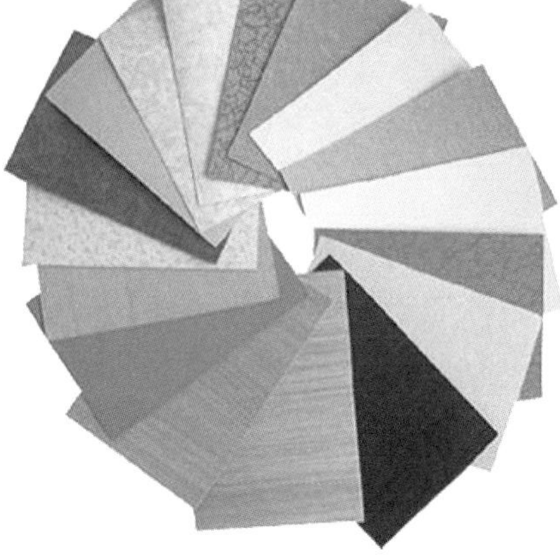
图4-4　防火板

对于板式和实木家具，外饰材料的重点在于介绍材料的种类和装饰效果。对于专业性强的名词，要考虑顾客的接受度，采用俗称或功效等更为直观，例如在介绍产品外观材料的时候采用一些语言技巧，以下为案例比较。

顾客：你们这个橱柜的面板还挺好看的，是什么材质？

导购员：女士您看的这款柜子，面饰材料采用的是热固性树脂浸渍纸高压层积板，由原纸（钛粉纸、牛皮纸）经过三聚氰胺与酚醛树脂的浸渍工艺，再经过高温高压环境制成，是目前市面上采用广泛的柜门材料，还有多种装饰

纹样可以选择。

顾客：你这材料又是胺的又是醛的我也听不懂，看着挺好的，我再看看其他的吧。

这样的对话能够介绍材料的名称和特征，专业名词过强，虽然能够体现导购员的专业性，但是介绍方式不够“接地气”，也容易拉开与消费者间的距离。同样的材料可以换一种方式进行介绍，顾客的接受度会好一些：

顾客：你们这个橱柜的面板还挺好看的，是什么材质？

导购员：女士您看的这款柜子，面饰材料采用的树脂浸渍纸层，也叫防火板，采用原纸等材料通过浸渍工艺，再经过高温、高压环境制成，具有耐高温、耐磨、防火的特点，也正是因为这个原因，这种材料能够应用在厨房中。

顾客：感觉和上一家用的是一种材质，还有什么特别的地方吗？

导购员：您现在看到的是我们这季主推的大理石纹饰，纹理自然清晰，也比较高档。除此之外，还有其他的样式可选，还有木纹、素面、石纹或其他花饰，根据您的喜好和家装风格来选择。

对于板式和实木类家具，外部材料消费者能够观察到，而软体类家具在介绍材料时，除了介绍材料的种类、外观、纹饰外，还需要注重面料的触感、生产工艺等，增加顾客对于材料的认识。

家居卖场中，布艺沙发采用的面料主要有棉、涤纶、锦纶、涤棉混纺、高密NC布、3M防水摩丝布、绒布等，在进行这些材料介绍的过程中，结合材料间的优缺点进行产品介绍，注意扬长避短，如表4-1所示。

表 4-1　　材料优缺点

品类	材料	优点	缺点	图示
棉	棉籽纤维，以采摘处理、轧棉、梳棉、拼条、精梳、粗纺、精纺成棉纱，再由棉纱织成棉布	吸湿力强，透气性、保暖性好，不会产生静电，防敏感，做成沙发套也容易清洗	易皱，弹性较差，缩水率大	
涤纶	合成纤维，由高分子化合物制成，涤纶为其中一种，也称为聚酯纤维	强度大，耐磨性强，弹性好，耐热性也较强	分子间缺少亲水结构，因此吸湿性极差，透气性也差	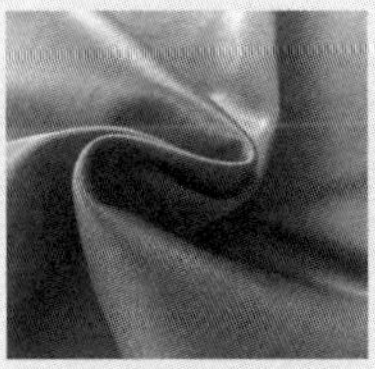
锦纶	聚酰胺纤维，是中国所产聚酰胺类纤维的统称	强力，耐磨性好，居纤维之首。弹性及恢复性极好，但小外力下易变形、褶皱	通风、透气性差，易产生静电	
涤棉混纺	涤纶与棉的混纺织物的统称，将涤纶和棉花按一定比例混成纱线织成的纺织品	弹性和耐磨性较好，尺寸稳定，缩水率小，挺拔，不易褶皱，易洗，快干	不能用高温熨烫和沸水浸泡	

续表

品类	材料	优点	缺点	图示
高密NC布	锦纶与棉纱混纺或交织的一种织物，其经纬密度较大，一般采用平级组织；该产品综合了锦纶和棉纱的优点	吸湿性好，舒适感和染色性能要比涤纶好，吸湿性、舒适性、弹性较好	耐热性和耐光性较差，在使用过程中注意洗涤、熨烫要符合要求，以免损坏	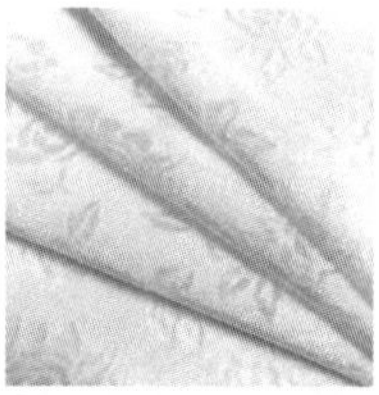
3M防水摩丝布	超细纤维为原料制成的高密度织物，采用了3M防水胶水，经过特殊加工而成	具有良好的防水性能，透气性和透湿性不受影响；手感柔软、滑爽、细腻，触感温暖，布身蓬松而有弹性	小心干洗，不可拧干	
绒布	经过拉绒后表面呈现丰润绒毛状的棉织物，通过在布的表面做针孔扎绒工艺，产生较多绒毛	手感细腻柔和，不变形、不褪色，有良好的色彩呈现效果；立体感强，光泽度高，摸起来柔软、厚实	透气性较差	

皮革类沙发常采用的面料分为天然皮革、再生革和人造革三类，三类材料又有各自的优缺点。

天然皮革是牛、羊、猪、马、鹿或其他某些动物的原皮，经皮革厂鞣制加工后，制成各种特性、强度、手感、色彩、花纹的皮革材料，是现代皮革制品的必需材料，如图4-5所示。其中，牛皮、羊皮和猪皮是制革所用原料的三大皮种，天然皮革分为头层革和二层革两大类。

再生革是将动物的废皮及真皮下脚料粉碎后，调配化工原料加工制作而成，如图4-6所示。再生革一般较厚，强度较差，表面加工工艺同天然皮革的修面革、压花革一样。特点是皮革张边缘较整齐，利用率高，价格便宜。

人造革又叫仿皮或胶料，是PVC和PU等人造材料的总称。人造革是在纺织布基或无纺布基上，由各种不同配方的PVC和PU等发泡或覆膜加工制作而成，可以根据不同强度、耐磨度、耐寒度和色彩、光泽、花纹图案等要求加工制成，如图4-7所示。人造革具有花色品种繁多、防水性能好、边幅整齐、利用率高和价格相对天然皮革低的特点，但绝大部分的人造革手感和弹性无法达到天然皮革的效果。

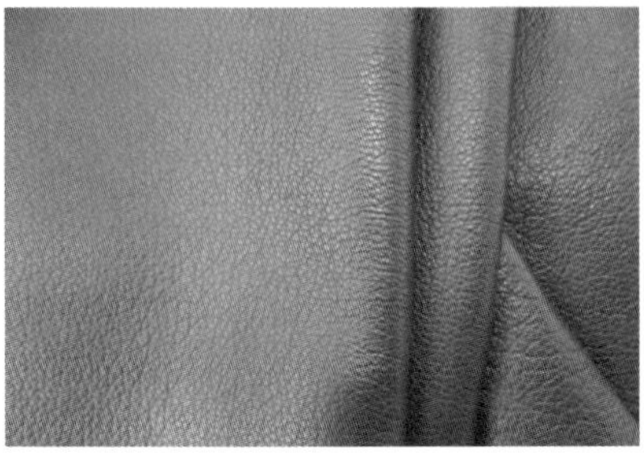

图4-5　天然皮革

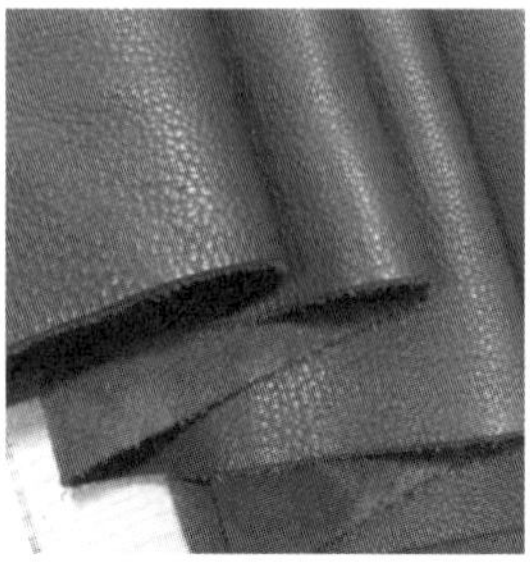

图4-6　再生革

图4-7　人造革

在对面料进行介绍的过程中，要善于利用触觉，让顾客感受布艺与皮革类材料的材质特征。除此之外，作为家居用品，家具面料的日常养护也是可以向顾客展示的产品材料特点之一。可以参考以下案例：

顾客：我挺喜欢这款家具的，就是布艺的面料感觉有点特别。

导购员：是的，您的眼光还挺敏锐的，您现在看的这款沙发采用的是雪尼尔绒，这种面料手感温和、细腻，保暖性和透气性都很好，落座后也没有很大的噪声，可以舒适活动。您可以多抚摸感受一下，是不是很舒服？

顾客：确实还不错，但是只有这一种颜色吗？还有没有其他可选的啊？

导购员：您现在看到的这款除了可以选择颜色以外，纹饰也是可以定制的，像您喜欢的这款，我们提供三种色彩和纹饰，这边是我们的面料架，您可以细看一下。

顾客：感觉这种绒布不太好打理啊，是不是不好清理？

导购员：对于日常养护，如果您选这款面料，平时清扫浮灰就可以，用吸尘器吸就行，很方便，您也可以机洗，居家使用养护很方便的。

案例中的导购员能够一方面向顾客展示家具面料的特征，同时还能够向顾客介绍面料的养护，让顾客比较好接受家具的材料，认识面料的优点。

2. 家具的内部材料

家具的内部材料是构成家具结构的主要用材，也是家具在使用过程中能够实现功能的重要部分。在对家具内部材料介绍的过程中，要能够展示材料种类、功能和制作工艺，让顾客对材料有直观的认识和了解，家具内部材料以实木、人造板和金属为主。

对于导购员来说，要能够区分木家具、综合类木家具、全实木家具。目前市面上的木家具是指主要部件中装饰件、配件除外，其余采用木材、人造板等木质材料制成的家具。实木家具是以实木锯材或实木板材为基材制作的表面经涂饰处理的家具或在此类基材上采用实木单板或薄木（木皮）贴面后，再进行涂饰处理的家具。其中，实木板材是指集成材或木工板等木材通过二次加工形成的实木类材料。而综合类木家具是指基材采用实木、人造板等多种材料混合制作的家具。

实木家具的所有用料都是实木，包括桌面、衣柜的门板、侧板等均采用实木制成，不使用其他任何形式的人造板。纯实木家具对工艺及材质要求很高。实木的选材、烘干、指接、拼缝等要求都很严格，如果哪一道工序把关不严，小则出现开裂、接合处松动等问题，大则整套家具变形，以至于无法使用。在介绍实木家具的过程中，实木的树种、原产地、加工工艺等是产品材料介绍过程中的重点。

人造板类家具即以人造板为原料制作的家具，多以柜类为主。人造板是指以木材或其他非木材植物为原料，经一定机械加工分离成各种单元材料后，施加或不施加胶黏剂和其他添加剂胶合而成的板材或模压制品。主要包括胶合板、刨花（碎料）板和纤维板三大类产品，其延伸产品和深加工产品达上百种。在对人造板类家具进行介绍的过程中，要明确人造板的种类、特征、稳定性和环保性。人造板新品种日益增多，导购员需要及时更新掌握新材料的信息。

以金属管材、板材或棍材等作为主架构，配以木材、人造板、玻璃、石材等制造的家具和完全由金属材料制作的铁艺家具，统称金属家具。金属家具可以很好地营造家庭中的不同氛围，也能使家居风格更多元化和更富有现代气息。金属家具极具个性，色彩丰富，品种多样，颇具美学价值，货品物美价廉。在介绍金属家具材料的过程中，可以向顾客展示金属的种类、性能以及日常养护等。

例如介绍人造板类的衣柜可以采用下列方式：

导购员：您现在看到的衣柜采用的就是实木多层板，这种材料是将原木切割成几块，一块横的一块竖的，用胶黏剂粘合而成的板。这样做的好处是纵横交错的方式大大提高了木材的稳定性及抗变形、抗开裂的能力。

顾客：这样看和其他板材也没有太大区别呀。

导购员：刚才也给您看了几种材料了，像这种实木多层板，相对来说木材的含量要多一些，也就是咱们说的环保性能更好，而且纵横相交的方式让板材的稳定性更好，不用担心使用过程中出现开裂、鼓包等情况，而且材料的防水、防潮性能也更好。

案例中的导购员能够一方面向顾客展示家具的特征，同时还能够让顾客对于陌生的材料有所认识，了解材料的优势。

3. 家具的辅助材料

家具的辅助材料，就是能够辅助家具完成功能和装饰性的材料。例如螺钉、玻璃、海绵、家具纸等。这些材料能够让家具的结构完整、功能完善，也能够起到一定的装饰作用。对于家具来说，虽然辅料的占比并不是很大，但是却十分重要，因此，在进行家具产品材料介绍的过程中，辅助材料的介绍也不能忽视。按照目前市面上家具辅料种类和产品介绍的习惯，可以将辅料分为家具配件、填充材料和装饰材料。

家具配件，即在制作家具的过程中起到辅助作用的部件。厨房家具配件（抽屉、垃圾桶、米箱、卷帘门等），办公家具配件（椅子、屏风、电脑键盘架等）以及灯饰及相关配件等，见表4-2。其中，五金配件是介绍的重点。从功能上分为紧固件、活动件、定位件、拉手、装饰件，导购员要清楚对于不同功能可以采用哪些种类的配件。

表 4-2　　家具五金配件

种类	名称	应用
紧固件	钉类：直钉、木螺钉	连接固定家具零件，多用于实木类家具
	螺栓类	紧固家具零部件
	连接件：偏心连接件、插入式连接件	用于板件的连接和可拆卸家具
活动件	铰链：普通铰链、特种铰链、门头铰链	用于门板、翻板等可活动零部件
	拉杆	用于门板、翻板等可活动零部件，起支撑作用
	滑道	用于抽屉、推拉门等部位
	滚轮和转角	用于门底部、家具腿底部等
定位件	锁类	用于门板、抽屉等
	插销	用于门板、抽屉等
拉手及装饰件	拉手、装饰件及其他辅助类	用于门板、抽屉、面板等

填充材料一般出现在软体家具中，对于沙发、座椅以及床榻等软体家具来说，填充材料是影响回弹性、舒适性的重要材料，是顾客判断家具舒适性的重要因素。目前对于软体家具来说，除保持回弹性的弹簧、绷带外，能够使家具具有膨胀感的就是填充材料，常见的填充材料主要有海绵、羽绒、人造棉等。

海绵类填充材料又分为三种：常规海绵，特点是具有较好的回弹性、柔软性、透气性；高回弹海绵，特点是具有较好的弹性，压缩负荷大，透气性好；乱孔海绵，这是一种内孔径大小不一的与天然海藻相仿的海绵，特点是弹性好，压缩、回弹时具有极好的缓冲性。海绵能够很好地保持软体家具的外形。

羽绒一般在高级沙发中使用或者配合海绵使用。用羽毛片（含5%绒）作为填充物制作的沙发，代替了传统局部用的海绵和丝绵。根据羽绒睡袋的原理，将沙发木框架包起来，外层再套上布衣外套，形成一种既能拆洗又能坐卧，更加舒适的产品。与棉质沙发相比，羽绒沙发坐感舒适，长期使用变形小，使用寿命比一般沙发长，缺点是回弹慢，成本也高。

人造棉填充物柔软性极好，坐感舒适，但力学性能差，压缩负荷小，只适合做沙发的靠垫（靠枕、抱枕等）。

对填充材料进行介绍时，要向顾客说明材料的种类，从材料的特点上对比软体家具的舒适性，突出推荐产品的优势。

装饰材料，是指在家具中能够装饰家具的材料，能够让家具起到美观以及画龙点睛的作用，例如家具中常出现的把手、拉环、布艺上的刺绣等装饰，如图4-8所示。对于装饰材料的介绍，可以结合材料的种类、工艺以及日常养护等。

二、家具材料介绍要点

在介绍材料的过程中，主要介绍材料的种类、特征、

图4-8　金属环装饰把手家具

优势、原材料产地、附加价值以及日常养护等。对于导购员来说，要充分掌握家具材料的要点，在进行产品介绍时才能为顾客展示出来，主要从以下几点进行。

1. 材料种类

在介绍材料过程中，需要向顾客展示家具的主要材料、辅助材料、配件等。导购员对于材料的种类要有明确的认识，才能为顾客介绍，要不断丰富自己的知识库。例如实木类家具采用的木材和贴面材料等，明确材料的性能和特征，介绍材料优势时也就游刃有余了。

2. 材料优势

导购员在为顾客呈现产品材料特征的过程中，要能够扬长避短，突出自己产品的特征。例如木材与金属相比，它的优势在于质感较好，材质天然，而金属家具优势在于体量轻便，体形纤细。无论哪种材料要明确材料独特的特征，能够让顾客进行对比选择。

3. 原材料产地

原材料产地决定了材料的品质以及整个产品原材料质量，例如胡桃木就因产地不同特征会有所差异，常说的北美胡桃木，在色彩上偏向于浅黑色或者褐色，纹理清晰，而国内的胡桃木，在色彩上偏向于浅色，色彩淡雅，纹理清新，产地不同，也可以表现家具不同的质感。

4. 材料的附加价值

导购员不仅要了解家具产品材料，更要了解工艺，发掘材料的文化内涵和收藏价值等。例如红木作为家具的常用材料，材色鲜明，质地坚实，自古以来备受文人雅士喜爱，具有装饰作用，同时也具有收藏价值。

三、介绍材料的方法

在家具卖场介绍材料的过程中，我们通常可以采用展示法、对比法、感受法和实验法四种方式，具体结合家具的材料以及顾客对于材料所关心的点，采用合适的方式进行。

1. 展示法

让顾客眼见为实，看到家具材料。在展示材料的过程中，可以展示产品材料的内外部分，例如实木家具可以展示抽屉、桌面底等暗部，来说明实木结构。还可以展示材料的样品和样品册，展示材料的种类、色彩、装饰、纹理等，让顾客有直观感受。此外，也可以展示原材料的一些证书，如材料的品质证书、材料原产地证书等。

展示法

2. 对比法

通过对比两种材料来突出主打产品的材料特征，可以通过材料的外观、性能、功能等进行对比，例如比较实木贴面纹理与PVC贴面纹理的差异来突出自然感，或者通过对比刨花板和细木工板材料的切面来对比材料的含胶量等。在用对比法介绍材料时，要让顾客能够直观感受到优势。

3. 感受法

感受法是指在介绍材料的过程中，要能够调动顾客的感官，让其对我们家具的材料有所认识，例如看材料的纹理、触摸材料表面的光滑程度、闻材料是否有特殊气味、敲击材料听声音是否清脆等。感受法能够让顾客对比家具产品材料，也是可以甄别家具产品原材料的方法。

感受法

4. 实验法

实验法是通过一些简单的小实验来证明产品的特征。可以做一些简单的演示实验，如化纤和动物皮毛，采用燃烧法来鉴别。也可以让顾客观看一些复杂的实验，比如家具质量检测过程的视频。还可以用一些小的实验对比产品材料的差异性，例如实木与人造板的重量差异等。

实验法

案例展示：美式风格家具产品介绍

美式软体家具产品推荐

导购员：先生，这款沙发是我们店里卖得比较好的，它采用的是经典的美式设计风格。这款沙发无论从设计上还是材质上，都和您在别人家看的沙发不一样。您先坐下来，我为您详细介绍一下。

顾客：你家的沙发面是皮的么？

导购员：是的，就像我们现在接触的这个面，采用的是亲肤性较好的头层牛皮，而在背面和底部，我们采用的是仿制牛皮，这样可使沙发坐起来更舒服，不知道您有没有感觉到刚才您坐下去的一瞬间，我们这款沙发的回弹性也是比较好的。而且底部采用的是蛇形弹簧和加宽的绷带，这样可使沙发的整体比较舒适，而且这款沙发的配色天然，您也可以根据自己的喜好选择颜色。

顾客：这款我觉得还行，就是我家买个三人位的会不会显得空旷啊？

导购员：先生，您现在看到的是一个L形的沙发，您可以选择单人位、双人位以及三人位的，这个可以您自己来搭配，可以选择一个主位加两个单人位，也可以选择两个双人位，这个都看您的需求。

顾客：我看你家这沙发这里有一点划痕，是怎么回事？

导购员：先生，您可真细心，我们这个是美式风格的一大特点，绝对不是划坏了，这个是做旧处理，通过擦痕技艺剐痕来达到这种效果，这样做是为了让家具更有历史的沉淀感，也可以让家具更具有生活气息，这个也是美式风格的一大特点，您完全可以放心。

顾客：这么一说还真是，别的也有这样的。

拓展训练

自选顾客类型，运用所学方法编写导购语，进行情景模拟演练。

1. 对实木家具餐桌进行材料介绍；
2. 对板式家具衣柜进行材料介绍；
3. 对软体家具沙发进行材料介绍。

任务二　推荐产品的功能卖点

家具作为日常生活用品，满足人们日常生活所需，作为影响建筑室内空间功能和意义的重要陈设，又承担着装饰的作用。当今流行轻装修、重装饰的家居设计理念，无论是做家居空间软装设计，还是做单纯的产品销售，都需要利用家居产品来完善空间功能，使产品能够在居家生活中物尽其用。导购员要懂得如何在卖场进行家具的功能销售，要能够了解功能分类、方法和注意事项。

一、家具功能分类

家具功能可以按照图4-9所示进行分类。

卖场的家具会按照家居空间实际使用情况进行摆放，导购员结合用户对于家具的使用感受，利用空间优势进行产品销售。另外，也会按照同类别的家具进行布置，即按玄关家具、客厅家具、卧室家具、餐厨家具、书房家具、儿童家具、休闲家具等来进行分区布置，如图4-10所示为椅类家具展示。在介绍家具功能时，注重家具在使用过程中的体验，同时要能够发挥家具的装饰性。与在家居空间中不同，卖场空间较为开阔，依靠家具布置来实现空间过渡，如图4-11所示。在进行产品介绍过程中，导购员需要了解家居空间的基本尺寸，使顾客的家居空间能够使用。

家具无论是储藏、展示，还是坐卧等，要能用产品的功能吸引消费者。例如在介绍床品的过程中，可以以床的睡眠、休息、倚靠等作为主要功能。此外，一些床可能还兼具储物作用，也可以为顾客介绍。对于家具进行分类，有利于顾客搭配

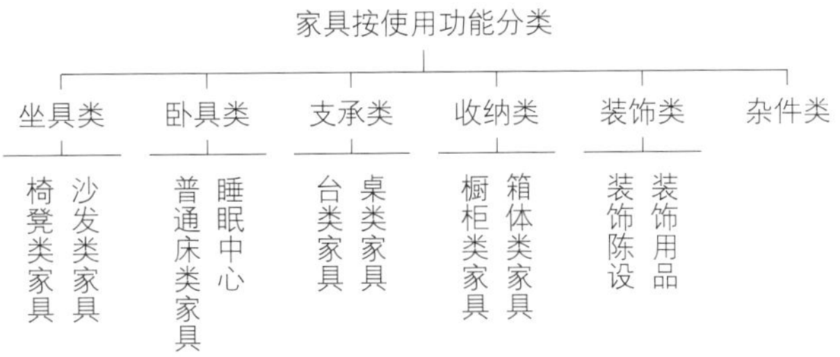

图4-9　家具功能分类

图4-10　椅类家具展示

图4-11　卖场空间过渡

图4-12　卖场客厅空间搭配饰品

图4-13　卖场客厅空间搭配家具

和挑选同功能的产品，例如选购客厅家具时，从功能入手，搭配茶几、电视柜等家具，如图4-12和图4-13所示。

推荐卧室家具案例

推荐卧室家具

导购员：您好女士，请问有什么可以帮到您？

顾客：我想看一下卧室家具。

导购员：好，我们现在展示的这款就是一个卧室家具。卧室家具的特点就是我们柜子要与床有一个衔接。这个展示的是推拉门，推拉门要求不是很多。假如说您这是一款开门，就要考虑到这个开门与这个床板打不打架的问题。还有就是柜子要和床与床头柜有一个衔接。我们这是一个次卧的展示，这里没有床头柜，否则可能会影响到柜子的开合和整体的使用方便。所以我们设计了一个书桌，也可以说是一个梳妆台，然后进行一个色彩搭配，用木色做的书桌，再就是为了方便起见，上面做了开架，也是用一些色彩进行整搭。开架上面可以储物，您可以摆放一些装饰品，包括书籍都可以。柜子要考虑深度，柜子的深度决定使用是否方便，您看我们这个柜子的深度方向还安装了滑道，还是650mm深……

二、功能家具介绍方法

介绍家具的功能，了解家具是基础，家具导购员要善于利用家具的功能优势，采用适当方法进行产品介绍。

1. 注重顾客体验法

注重顾客体验

注重顾客体验法是指在为顾客介绍家居产品的过程中，要能够考虑到顾客的感受，调动顾客的感官，让其积极主动参与到产品的介绍过程中。除了让顾客能够看家具产品，还可以让其闻产品是否有气味，触摸产品的表面肌理，以及可以敲击家具表面听声音，还可以让其使用家具进行体验，让顾客感受产品效果和配件的特征，如推拉柜门、抽屉等。在卖场中常用的语言技巧有“坐一坐”“躺一躺”“试一试”等。

体验法是家具销售中最有效的功能介绍方式，也是较有效的沟通方法，让顾客说出体验感受，可以继续介绍产品的功能。例如在卖场中，我们可以采用下列对话形式进行产品功能介绍：

导购员：您现在看的这款床除了我刚才跟您说的采用天然材质以外，床垫的软硬度也是非常合适的，您可以躺一下试试。

顾客：嗯，还行，躺着是挺舒服的，我们家之前的床就是太软了，我才想换一个。

导购员：对啊，太软的床会越睡越累。这款床垫软硬适中，内部独立弹簧可保持良好的支撑性，对脊柱非常好。身体与床接触的时候，就像有一双手托着脊柱。外部有棕丝和棉纤维，保证床面的舒适性，您可以再平躺或者侧卧全方位感受一下。

2. 直接展示法

直接展示法就是让顾客看家具。顾客来到卖场购买产品，第一印象非常重要。可以通过问询的方式，判断顾客感兴趣的产品，介绍过程中调动其视觉感受，让顾客看到家具产品的使用价值和装饰价值。

对于装饰类家具来说，进行产品介绍就是通过视觉感受，从色彩、材质和造型三个方面进行阐述，为顾客介绍家具色彩的内在含义、家居空间色彩搭配方案、家具材质的纹理特征和纹饰特征等。产品造型形式也可以装饰家居空间。例如屏风类装饰性家具，在进行产品功能介绍时，除了介绍分割空间的功能，将装饰美观性作为重点，从屏风骨架、屏风面装饰材料和装饰特征等方面进行介绍。对于装饰产品来说，美观很重要，这样的产品放在家居空间中，能够增加整个空间的审美情趣，“赏心悦目”就是最好的产品介绍。

对于多功能家具，导购员进行产品使用演示时，将家具的使用方法和功能加以表现。展示法是最直接有效的产品介绍方式，能够让顾客对家具不同的使用状态有所了解，并且通过使用情况决定是否购买。

3. 配件加成法

有些产品除了本身的造型功能外，产品配件也非常重要。不同的家居产品配件的作用不同，为顾客介绍的过程中侧重点也会有所差异。特别是对于板式家具产品来说，五金配件更是作为产品功能介绍的重点。

功能类配件一般具有连接、滑动、支撑的作用，有些配件本身也具有一定的储存功能。常见的连接配件如板式家具五金配件、抽屉以及家居产品的脚座等。这类配件以功能实用作为卖点，介绍家具功能时可以直接展示五金配件，为顾客呈现配件的功能作用或装饰效果。还可以采用配件对比法，对比配件的外观、结构、材料等，以突出品牌的配件优势。

家具配件卖点案例

家具配件卖点推荐

导购员：一款好的柜子，除了门板和箱体以外，五金件也很重要，这里我给大家介绍一下合页、滑道、气撑。首先我给大家看一下它的滑道，这种滑道采用了三节纯钢滑轨，之前采用的是两节钢抽，两节钢抽情况下取物品很不方便。我们采用的三节钢抽是无死角的，是一个内置滚珠不掉底。我给大家试一下(脚踩抽屉)，踩后不会变形，我们抽拉还很自如。

我们这个柜子的合页采用的都是××品牌五金，它是四款铰链带备用孔，然后是二段力的一个阻尼，立面自带一个内置阻尼，内置阻尼刻在里面，不易积灰，这种情况下，使用寿命更长。我给大家试一下（人重压柜门），45°角它是可以自动回去的。

柜子的气撑，上方气撑安在上方门，缓冲上来就能把门打开，这款气撑专门设计了一个防尘套。它与市面上的气撑不太一样，市面上的气撑比较细一些，这款比较粗。气撑一旦进灰就不好用了，但是我们这款气撑，它带有防尘罩，开关上万次都不会出现漏气、跑气的问题。

4. 人体工程学

人体工程学应用参数

人体工程学又称人机工程学、人机工学，是研究人在某种工作环境中的生理学、心理学等方面的各种因素，研究人和机器及环境的相互作用，研究工作中、生活中怎样考虑工作效率、人的健康、安全舒适等问题的学科。人体工程学具有满足用户需求的具体指标，便于导购员配置完整、合理的功能空间，也有利于提高顾客在家居产品使用过程中的舒适

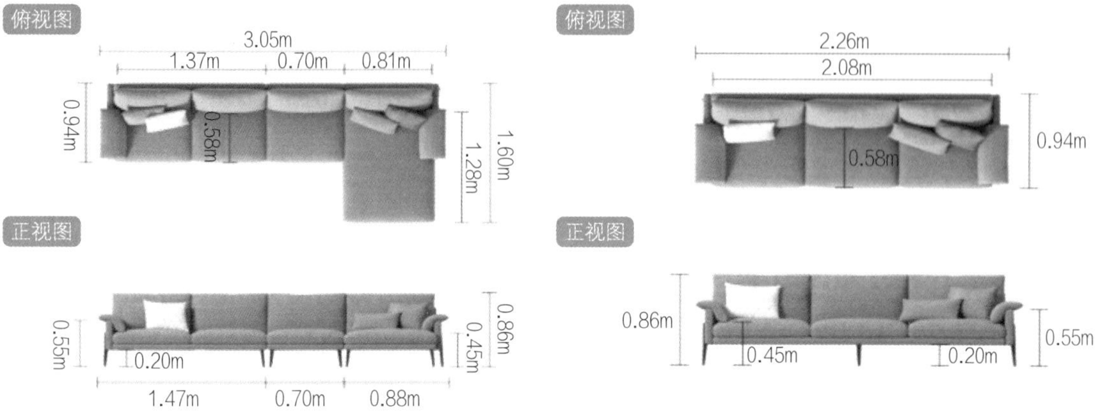

图4-14 沙发尺寸

度，基于此，人体工程学已成为导购员有效利用的一个销售工具。可以说，因为有人体工程学的存在，家居环境更加宜居，而家具功能的实现可以通过人体工程学让数字“说话”，让产品更具有说服力。

导购员要从空间参数、产品参数以及环境参数三个基本的人体工程学内容进行应用。

空间参数是指功能空间的参数，如卧室、客厅、餐厅的尺度，如餐厅尺度决定了餐桌、餐椅的数量与大小。空间尺度也会决定产品的位置，如图4-14所示。客厅空间进深3.5m，选择四人位沙发则需要靠边摆放，采用三人位沙发则可以居中摆放，两侧可搭配单人座椅，既满足日常使用，空间又舒适。合适的环境参数可以提供优良的使用空间。

产品参数包括产品的外观尺寸，即长、宽、高、进深、角度等外观数值，还包括家居产品的性能尺寸，如一般灯具的照度、功率以及窗帘的遮光率等，能够衡量产品的特有性能。此外，还包括了产品的数量参数，如结合餐厅大小来选择餐桌，根据餐桌的尺寸来选择餐椅的形式和数量。

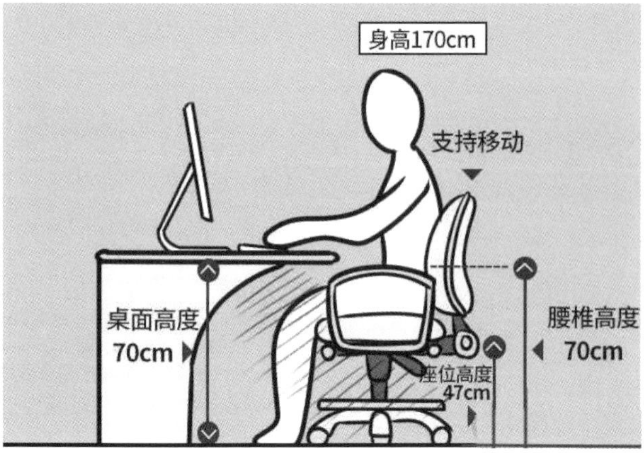

图4-15 书房座椅参数

在介绍产品的过程中，可以利用人体工程学参数，用数字说话，让顾客直观感受。例如介绍书房家具时，人体工程学能够提高顾客使用产品的舒适性，身高170cm的成人使用的书桌高度应为70cm左右，座面高度为小腿自然高度47cm左右，扶手距地面70cm左右，为自然落座时肘部到地面的高度，如图4-15所示。这样的产品参数能够让书房舒适度更具有说服力，给顾客良好的体验。

环境参数是产品使用的极限参数，例如高温、高湿、暴晒等，多用于户外、餐厨家具以及浴室产品等。

通过人体工程学参数的应用，一方面可以表现出导购员的专业性，同时也能体现出导购员在家居功能、尺度与搭配上的设计能力，让顾客放心。

5. 反面案例对比优势产品

在进行产品介绍时，采用的都是正面积极的方式，介绍产品的功能优势，便于顾客直观地了解、认识以及使用家具。此外，还可以通过新闻报道、网络热议家具产品使用过程中的反面案例，来对比产品的功能优势。例如次卧空间有限，硬做“榻榻米”组合柜，会让空间更加拥挤，可以结合次卧空间灵活搭配可储物单人床、衣柜和书桌等家具，突出床品的储物功能。以下案例中就是采用反面案例来对比进行产品介绍。

导购员：咱们买家具就是买的安全和放心，所以家具的稳定性非常重要。您看这种五斗柜，小朋友拉出抽屉来，进行攀爬，家具重心不稳，容易发生砸伤用户的情况。

顾客：那你们的家具具体怎么稳定了？

导购员：这款柜本身采用的是实木木质框架，稳定性好，不用担心家具出现倾斜，您看柜体的抽屉采用了层级抽屉，抽屉从上到下依次变大，也能够使家具的稳定性更好。设计的过程中，过重的物品不会放太高，家具也稳定。

顾客：确实是啊。

案例展示：推荐餐厅家具

推荐餐厅家具

导购员：餐厅家具您喜欢什么风格的？

顾客：简单一点的就可以了。

导购员：那这款家具正好是一个简约式的，是一个箱体木色的，和门板同一款颜色，它属于一个多功能的柜子，相当于一个餐边柜，也可以说是一个餐桌，连着餐边柜，也可以作为酒柜，可以放置酒或者工艺品，也可以储物，是一个多功能的柜子，满足您的多种需要。箱体采用原木色，属于日式简约风。这款柜子的结构十分结实，双向做柜体，门从立面到这一侧都能够打开，箱体的板材厚度已经达到36mm厚，因为它是两个18mm厚组合在一起，开关门都不会出现“瓢”的问题。再就是整体一个隔断，比如这个柜子，中间起到一个支撑的作用，这边都是做成一个死格，横栏全都是固定的，像这面搁板都是活动的。

您放一些高的或者矮的工艺品都是可以的。这边设计了一个酒格，这个抽拉的餐台可根据实际情况，如果您餐厅还想有一个吧台式的柜子，如果空间不是很大，还可以把它推回去。

顾客：这是一个活动的可以推拉啊？

导购员：对，能满足您多种需求。您家的整体色彩搭配是以这种为主，还是另选颜色？

顾客：这款颜色搭配就挺符合我家的装修风格的。

导购员：还有一个细节，就是我们这款柜子比较通透，开放空间多一些，底下这种开放格建议您设计成门，储物不外露。在展厅，通透的效果能更好一些，到您家里，还可以适当添加玻璃门。如果放置高脚杯，可以在这个隔断上面做一个酒架。定制品的特点就是由需求而定。

顾客：好，可以。

拓展训练

自选顾客类型，运用所学方法编写导购语，进行情景模拟演练。

1. 推荐实木餐桌；
2. 推荐定制衣柜；
3. 推荐客厅组合家具。

任务三　推荐产品的其他卖点

一、价格卖点

价格卖点就是导购员能够利用产品价格上的优势来促进成交，与顾客进行讨价与还价的过程，利用价格吸引消费者。在家居卖场中，决定顾客是否会买这件产品关键因素就是价格。在卖场中会经常遇到这种情况，很多顾客往往谈价色变，一听价格转头就走，不给导购员介绍机会。那么在卖场中如何用价格作为销售工具销售家具产品呢？现阶段国内家居卖场中，价格依旧是成交与否的主导因素，是顾客决定是否购买产品关键的一点。与顾客讨价与还价的过程也成为卖场中最常见的拉锯战。

1. 价格卖点内容

价格卖点的内容

价格卖点可以从价格、产品和服务三个方面选择合适的切入点，为顾客进行介绍。

首先在价格上的优势，就是告知顾客，现如今的价格为什么是最优惠的。通常这个价格低于标价，用于打动消费者，采用店庆、家装节、特卖折扣以及减免等活动。这种价格上的优势，给了顾客一定的心理平衡和补偿，让其觉得买到即赚到。

在价格战的过程中，导购员一定要为顾客呈现出产品的价值，即在功能、造型、材质以及文化寓意等方面都具有很高的价值空间，让顾客对产品的价值认知远高于价格。同时还要让顾客明白，此时购买的产品一定是物超所值的，如果错过了这个时机，可能就不会有这样优惠的价格了。

从产品上找价格优势，在材料、功能、工艺上强调物有所值。此外还有低价出售，即低价格出售样品、清仓甩卖以及赠送等形式。产品本身的磨损等会造成一定的折旧，可低价出售样品。赠品可以是赠送小的配饰产品，也可以是同系列产品，或者是搭配产品。清仓，通常是在数量上占优势，可以用同样的价格买到更多的产品，适合一些小件类的产品，例如花品、花器、相框等。

从服务上守住价格，为顾客提供相应的优质服务，例如可以为顾客带来VIP的待遇，产品配送、维修、售后、增值服务等，让顾客知晓购买产品后能够获得对应的产品服务。

2. 如何销售价格卖点

进行价格卖点销售时要注重天时、地利、人和。

利用好天时。在家居卖场中，我们要能够利用好庆典活动、节假日活动以及促销活动，来提供产品价格上的优势，例如元旦、国庆节、家装节特惠活动等，能够为价格活动提供良好的时机，以此带给顾客满减、折扣等优惠的价格。

地利是指在家居卖场中，我们一定要占据地理优势，可以多借助卖场环境进行销售，例如靠近门口的位置，通常可以进行促销或者打折的区域展示活动，能够第一时间吸引消费者。

人和是指作为家居产品的导购员一定要能够对产品了如指掌，熟知产品的材质特性、功能搭配等；同时还要做到对数字敏感，对于产品的基本参数、价格以及折扣等敏感，能够根据卖场实际环境灵活多变，做到根据顾客“量体裁衣”。

3. 能够“守价”

导购员越早报出价格，就越容易丧失价格的主动权，所以如果顾客一问价就报价，往往会失去顾客。在介绍产品的过程中，顾客还没有真正认识产品就急于报价，也会将顾客吓走。确定顾客有意向购买时，再向顾客报价。当顾客了解产品价格后，接下来就是我们集中精力守价了，这也是决定能否用价格打动消费者的环节。

在守价的过程中，导购员要坚定态度，让顾客明确我们是实价销售，再针对不同的顾客，体现出价格优势。例如对于价格敏感的顾客，要先探明顾客的底价，再利用活动折扣、满减活动来吸引他；对于产品服务敏感的顾客，可以通过售后突出产品服务具备应有的价格，让顾客有物有所值，甚至物超所值之感。

顾客：也说那么多了，你给我实话，你家这套客厅家具多少钱呢？

导购员：咱们刚才就在说家具从材质、设计到功能都是很好的，所以您看到这个展厅的家具是××元，其中包括电视柜、茶几，还有咱们现在坐的这个四人位的沙发。

顾客：嗯，是的，你家这个我看着是挺好的，质量也是挺好的，但就是太贵了。

导购员：是，产品贵我也是知道的，您也知道现在市场上东南亚风格产品参差不齐，但是我们家的产品是物有所值的，您看这四样家具算起来一件才××元。

顾客：我还是觉得贵，超出我的预算了。

导购员：您先别着急，我们家这个有店庆活动周××折活动，我给您算一下，是××元。而且您现在买有满减活动，是满××减××，这样算下来这套只有××元，您看价格多合适啊！

顾客：啊？便宜这么多呢！

二、工艺卖点

对于家具产品来说，工艺非常关键。销售过程中可以将生产工艺作为产品卖点进行销售。

工艺是指将原材料或半成品加工成成品的一种技术以及方法，也是指运用手工技巧或艺术技巧的技术或工作。在工业飞速发展的今天，工艺也指由设备等构成的平台设施要素、原理贯穿的过程要素、智能化的软硬件要素、标准化的执行要素、流程的操作要素等构成的用于生产产品的方法与过程的系统。工艺会因历史时期、地理环境、经济条件、技术水平、民族习俗和审美观念的不同而呈现出不同的时代风格、民族风格和地域特色。这也使无论是传统的手工艺生产，还是现代化的机械生产工艺，都能成为家具生产工艺独特的卖点。

1. 工艺卖点分类

在家具卖场中，产品以手工艺和机械生产工艺为主。通过工艺，我们可以为消费者呈现企业的生产实力、产品质量、传统文化，也是产品文化价值的体现。

机械生产工艺能够展现出企业生产设备使用情况、生产过程中是否采用了科学高效的生产工序、生产管理过程中的人员配备是否专业，以此来展现企业的专业性和生产实力。从产品质量上来看，拥有高、精、尖的设备以及标准化的生产过程、专业生产和管理，能够确保产品优质，消除顾客的后顾之忧。

手工艺本身具有一定的历史文化，产品从选材、用料到制作过程，会遵循传统的技艺进行制作，既体现了对传统技艺的传承，又赋予了产品相应的文化内涵。

2. 如何销售工艺卖点

导购员要先了解产品，掌握产品生产的过程，在恰当的时机为顾客介绍产品工艺。在介绍工艺的过程中，要能够调动顾客的体验来突出工艺特征，包括机械设备生产过程和手工工艺生产过程。要让顾客了解家具不仅是一件陈设品，更是经过层层工序获得的艺术品。

除了要掌握家具的生产工艺，还要能够把握好介绍工艺的时机，并不是说顾客一进门或者是顾客路过就大张旗鼓地介绍生产工艺，这样容易让顾客反感和困惑。可以从以下几个方面确认后进行工艺介绍：

①明确顾客对于工艺的喜好。明确了解顾客的喜好，若顾客比较喜欢雕刻类的产品，那就可以推荐雕刻工艺相关产品。

②顾客对工艺有好奇感。例如一些漂亮的镶嵌装饰品是如何完成的？

③顾客对家具有疑问。如家具为什么在外观上和其他品牌的不一样？

④顾客对价格有看法。如为什么这里的产品要比其他的产品贵?

这些点都是可以介绍产品工艺的时机。进行工艺介绍时还需要注重体验，突出特征。介绍工艺过程中让顾客参与来感受工艺特征，例如可以使用打磨、髹漆工艺，让家具变得温润如玉，这个可以通过触摸来感觉，让顾客对比感受一下不同的漆饰效果。

顾客：你们这件家具的雕花比较特别啊！

导购员：是的，您的眼光真的很独到，我们这款家具的木材采用了××，由具有十年以上雕刻经验的木工师傅进行雕刻，都是采用比较传统的中式装饰雕花，组装后再用600～1200目的砂纸打磨，并用传统中式烫蜡工艺，家具表面具有厚重的历史质感。您可以触摸家具表面，感受质感，非常圆润。

顾客：确实还不错。

三、产品文化卖点

家具产品的文化内涵，就是通过产品来表达一定的物质文化、社会文化以及哲学文化的文化品质。文化内涵也是突出产品价值的一种重要手段。

在物质文化上，家具产品与人们的衣、食、住、行息息相关，为家居生活带来便利，同时也是生活中重要的装饰要素。从社会文化上看，家具也能够体现出不同地区、不同民族以及不同文化的人们，在日常生活中的艺术、民俗以及宗教活动。家具也能够体现出不同的社会秩序与社会文化。例如传统中式审美文化中的对称形式，能体现出传统中式的中庸之道，并且这种形式依旧可以应用在现代家居的装饰之中，将中式风格客厅家具采用对称式布局进行布置。

1. 家具产品文化体现

家具的产品文化内涵可以通过工艺、造型、材质和寓意来具体表现。

文化内涵体现

工艺上，想要突出家具的文化内涵，则需要表达工艺种类、历史、技艺要点等。例如雕刻工艺，拥有上千年的历史，以此体现家具装饰的文化内涵，正因为有雕刻工艺，家具也变得更加具有历史感。

外观上，通常可以通过产品的整体造型、纹饰特征表现文化内涵，比如中式圈椅，经过了上千年的历史沉淀直到今天，也可以将传统中式家具的文化带入现代家居生活之中。除此之外，传统家具装饰纹样、配件样式与工艺等，也都具有一定的文化内涵。

材质上，通常是通过产地以及材质的特质或者产品材质本身具有一定的象征意义来表现文化内涵，例如对于灯具产品材质来说，西班牙的云石灯就以云石的产地著名，对于顾客来说，产地就具有一定的文化内涵属性。

寓意上，可以通过产品的外观形式来表现一定的寓意，也可以用装饰纹样来表现一定的寓意。寓意分为明喻和暗喻两种方式。明喻直接表达美好想法，例如中式家具中的福、禄、寿、喜的文字装饰。暗喻就是利用相关器物来预示美好的祝福，例如中式装饰纹样中的暗八仙就以器物代表了八位神仙，实为器物，寓为八仙，意为吉祥。

2. 如何销售文化卖点

销售文化卖点方式主要有开门见山、引经据典、熏陶渲染和调动感官四种。具体来看一下这四种方式。

（1）开门见山式

为顾客呈现出卖场家居产品具有的文化内涵，可以直接跟顾客讲述产品在材质、形制、纹饰等方面的特征，例如中式家具中的官帽椅，它的形貌来源于宋代官员的帽子，这样可较容易让顾客理解，感受传统文化内涵。

（2）引经据典式

可以用一些经典的故事、神话传说或者一些名人轶事来表达产品具有的文化内涵，例如中式传统家具八仙桌，来源于神话故事，这种一张桌子配八座的形式流传到今天。

（3）熏陶渲染式

在介绍家具产品的过程中，注重

产品的氛围营造，旨在通过场景化的体验，让顾客感受到这种文化氛围，并将这种文化氛围带回到自己的家居生活中。例如咖啡桌椅的使用，可以让顾客感受悠闲的下午茶时光，体验舒适、恬静的生活。也可以通过场景化的感受让顾客体验文化内涵，例如在中式桌椅的使用过程中，可以通过茶道、香道这类传统中式活动，让顾客感受到中式家具在使用过程中带来的文化氛围，沉浸其中，感受家居产品。

（4）调动感官式

调动感官式即展示法，利用视觉、触觉与嗅觉，让顾客感受到产品的文化内涵，重在突出表现材质、工艺方面的特征，例如传统中式雕刻纹样，就可以通过触觉让顾客感受到雕刻的光滑与细致，通过指尖的体验，能够品味精细的雕刻工艺和厚重的历史文化感。

四、附加价值

附加价值

价格由产品的设计、生产等综合因素构成，设计之初，为顾客呈现的价值可以分为两种：一种是硬性产品价值，就是通过设计提供给顾客功能的价值；另一种是软性产品价值，是满足顾客感性需求的价值，例如产品的文化、品位等感性价值。附加价值也是提升产品价格的一个重要因素，有利于促进成交，提升顾客满意程度。

在家具卖场中，想要打动顾客，除了功能、装饰、材质以及工艺等方面，导购员还要善于挖掘产品的附加价值，利用附加价值为顾客带来惊喜。

1. 附加价值的体现

家居产品的附加价值可以从企业文化、产品文化和服务文化三个方面进行挖掘，不同的家居产品，产品和服务都会不同，需要导购员为顾客呈现产品独特的价值，结合顾客实际情况进行销售。

（1）企业文化的附加价值

导购员可以从产品的设计、生产以及企业的荣誉方面进行发掘，为顾客呈现企业文化，可以突出企业在产品设计方面的专业性。例如无论从功能、外观还是结构上都有专门的设计人员以及比较成熟的设计研发团队，或者是国内外知名的设计师等，这些可以突出家具设计的专业性和时尚性。

在生产方面，可以从设备、工艺来突出企业文化，表现为设备完善、生产工艺精湛，为顾客呈现出严谨的生产和设计态度。

企业文化方面，也可以从企业获得的荣誉上进行呈现，包括设计类的奖项或者是产品服务类的奖项，可以突显企业雄厚的实力。

此外，员工也是展现企业文化的一个重要因素，专业的人员配备使产品的设计、生产、运输、售后都具有专业性，例如导购员可以在一个品牌工作多年，具有较高忠诚度，也属于附加价值的一种体现。

（2）产品的附加价值

可以从产品的材料、工艺、审美情趣以及升值空间上挖掘产品附加价值。为顾客呈现材料的珍稀，满足顾客的感性审美需求，吸引顾客。例如在制作家具的过程中，我们通常会采用较为珍贵的木材，这样比直接阐述红木特性更能够吸引消费者，同时红木家具的收藏价值也是附加价值的体现。

（3）服务的附加价值

服务的附加价值主要包括购买产品后获得VIP待遇、享受配送和售后服务以及获得赠品等，让顾客获得物超所值的惊喜感。赠品可以是配套装饰品、餐具等。

2. 使用的附加价值

选择恰当的时机和合适的方式，体现附加价值的与众不同。刚与顾客接触就介绍附加价值，容易让顾客云里雾里，不知重点。一般可以在介绍产品之后、促进成交或者顾客产生异议时，采用附加价值来创造惊喜。

还要选择恰当的方式，要根据顾客的实际情况决定使用赠品还是配送服务或者是保养服务，根据顾客比较在意的点来创造惊喜，使得附加价值是意料之外，但又是情理之中的惊喜。

导购员要确保产品本身的价值，对产品本身给予充分的肯定，再来选择附加价值。此外，想要创造惊喜感，附加价值一定是在顾客的意料之外，如果之前已经介绍了很多产品价值，那么就要谨慎选择附加价值。

案例展示：企业文化卖点

导购员：您看，给您介绍了这么多家具产品了，相信您对我们的企业文化也有了一定的了解。

顾客：嗯，是的，但是我走了这么多家，我感觉你们的材质、样式都差不多。

导购员：您说的很对，可能家具在材质、样式方面大同小异，但您真正了解过我们的家具产品之后，一定会发现我们的家具产品从设计到生产、从出厂到安装、从售前到售后，每一步都能让您体会到我们优质的服务。

顾客：但是我去的每一家他们都说给我优质的服务。

导购员：您看我们品牌从××年就创立了，到现在已经有××年的历史，面向全国来看，能够历久弥新的家具企业真的是很少，您能够选择我们的品牌，也是因为您之前对我们品牌有过一定的了解。

顾客：比如说哪方面呢?

导购员：就像我之前跟您说的，我们的家具采用优质木材，配件、部件和零件都是精心挑选装配的，我们是为数不多的上市公司，多次参加世博会。

顾客：听你说了这么多，我对你们公司也有所了解了，确实跟其他店面有所不同，你们的家具运送方面怎么安排的呢?

导购员：女士，这个请您放心，我们不仅为您提供优质的产品，同时也为您提供优质的服务。

顾客：那行，那你把你家产品图册给我看一下，我再详细看看别的家具。

导购：好的。

拓展训练

自选顾客类型，运用所学方法编写导购语，进行情景模拟演练。

1. 推荐周年店庆产品折扣;
2. 推荐中式红木家具，挖掘产品附加价值;
3. 推荐板式家具工艺卖点。

情境五 处理异议

学习目标

通过本情境的学习，了解顾客异议的分类，掌握处理顾客异议的方法；能够针对顾客提出的各类异议，给予合理的解释，增加顾客的信赖感；在解决异议的过程中，树立顾客至上的服务理念，树立以人为本的设计理念，价格上坚持等价交换、买卖公平，同时，培养耐心和真诚友善的服务意识。

销售行业有这样一句话：真正的销售从顾客的拒绝开始。顾客异议类型可以分为虚假异议和真实异议，真实异议又包括产品异议、价格异议、权力异议和服务异议。顾客产生异议是一种好的信号，一是顾客产生异议证明其对产品有兴趣，兴趣是成交的前提；二是顾客产生异议可以让我们深入探寻其需求，寻找应对策略；三是解决顾客异议是获取绝对信赖感的关键。

任务一 处理虚假异议

一、虚假异议

顾客的异议不一定都是真实的异议，也可能是为了达到某种目的而提出的虚假异议。虚假异议是指顾客提出的异议是违反客观事实的，因而是虚假的、无效的。比如某顾客账户上有很多存款却说因没有钱而不购买产品，明明他有权决定是否购买产品却说需等家人商量，这些与客观事实不符，因此这些异议都是虚假的、无效的。

当顾客提出虚假异议时，我们不能表现出不耐烦或者轻视的态度，无论顾客怎样表现，导购员都应始终保持温和友好、彬彬有礼的态度，不能在行为、态度上表现出对顾客的气愤、不满，也不能以生硬、尖酸的言语应对顾客，仍应认真为顾客服务。

首先分析产生虚假异议的原因。大致有三点：一是非顾客在意的地方，比如有些顾客为了降价，尽可能找瑕疵；二是顾客的试探，为了更多地了解产品，比如顾客说如果我买回去这个沙发，我女儿用着不适合，你们能不能给我退货？三是顾客拒绝购买，说还得再看看，改天再来买。

二、虚假异议应对策略

什么样的异议是虚假异议呢？我们要学会辨别真假异议。如果顾客提出一系列不相关的异议，即为虚假异议；当我们提出合理解决办法，对方依然无动于衷，也为虚假异议。

当顾客提出虚假异议时，我们应使用合理的方法应对，常用的方法有开门见山法、忽视法和迂回否定法。

1. 开门见山法

开门见山法，直接问清楚顾客真实原因，例："您看您真正的顾虑是什么？我是真诚为您服务的，请告诉我真实原因好吗？"

2. 忽视法

忽视法是指对于顾客的虚假异议，导购员可以先简单认同，然后转移话题。例："您说的有道理，那么除了这些您还有什么疑虑吗？"

3. 迂回否定法

迂回否定法要先肯定顾客的异议，表明我是理解您的想法的，但理解不是认同，再向顾客解释原因。例："我刚开始和您想的一样，但是时间长了，我发现……"

案例展示：处理"我现在不想买"的虚假异议

顾客：我着急用，你们出货周期有点长，我再看看吧。（说出送货周期异议）

导购员：李总，除了出货周期其他都没有问题了，对吗？

顾客：嗯，产品还挺好，就是我不能等了，着急用。

导购员：李总，我可以向工厂申请为您加急制作，这样下个月就可以到您家里安装，不耽误您搬新家，您看您也难得遇到这么适合的产品，您今天就定下来吧。（提出解决办法）

顾客：你的产品是挺合适，不过我还得再考虑一下。（判断异议为虚假异议）

导购员：产品不错，为什么现在不定下来呢？是不是我的服务哪里您不满意？请您帮助我改进。（开门见山）

顾客：没有，你可以，就是，就是你家产品价格太高了。（说出真实异议）

导购员：那您觉得我们该卖多少钱呢？

顾客：反正现在这个价格我买不起。

导购员：李总，我们产品的确不便宜，我刚来店里时觉得真的贵啊。

顾客：你看，是吧？

导购员：嗯，可是经过长时间了解，我发现我们产品的确是很好的。您看，我们产品移门的底轮是用玻璃碳素纤维做的，耐磨性特别好，推拉特别顺畅、平稳，没有声音，可以和别家进行对比的，而且我们的样门都有2.7m高；移门的底轮有防跳装置，无论怎么推都不会出轨的，一侧提起也不会出轨。移门的下轨槽特别浅，而且宽，很好打扫，您想您打扫卫生也会节省很多时间呢！我说了这么多，您体验一下。（使用迂回否定法，先表达对顾客的异议表示理解，进而转折，让顾客更多地了解产品）

拓展训练

自选情景，运用所学方法编写导购语，进行情景模拟演练。

1. 顾客不断挑产品瑕疵；
2. 顾客来了几次，每次都说再看看。

任务二 处理产品异议

处理产品异议

顾客购买家具产品，首先把关注点放在产品上，特别是顾客做出购买决策之前，看家具产品问题，往往会格外仔细，并且具有放大镜的效应，他们喜欢将小问题放大为大问题，将局部放大为整体，当顾客在某个产品的环节上遇到不解、异议的时候，他们就容易联想到整个产品是否同样会有问题。作为家具导购员，一定要全面认识、了解自己的产品，并且针对产品异议给出合理的应对。

一、产品异议类型

产品异议是指顾客对产品质量、设计、品牌、交货周期等方面提出的异议。表明顾客已经了解自己的需要，但担心产品能否满足自己的需要。这类异议带有一定的主观色彩，主要是顾客的认知水平、购买习惯以及其他社会成见影响所造成的，与企业的广告宣传也有一定的关系。

1. 产品质量异议

产品质量异议可以分为两种：一种是非产品本身质量问题，而是顾客对产品认识不清楚而产生的误解；另一种是产品本身质量真正出现的问题。

（1）非产品本身质量问题

顾客并不是专家，只是家具的购买者和使用者，大多数消费者会根据市场潮流和自己的喜好选购家具，也有消费者只是根据功能选购家具，所以在购买时常常会出现对产品的误解，比如美式家具的做旧、红木家具中出现的白皮、家具优劣样品对比展示等，当顾客看到这些问题时可能会认为产品的质量出现了问题，就会提出相应的异议，这需要我们耐心解释，获得顾客的信赖。

顾客：你们红木家具怎么还有白皮啊？这不是在作假么？

导购员：您真细心啊，我们的白皮几乎都在家具内侧的。是这样的，现在红木资源越来越稀少，属于珍贵木材，为了提高木材的利用率，国家标准规定："产品正视面的用材应无边材；其他部位零部件表面的边材面积含量应不超过该零件表面积1/10"，您看我们这里的面积很小吧。其实我们是可以直接涂色掩盖的，但是没有这样做，我们希望顾客可以买得放心，您可以多方面了解一下，家具不能以次充好，挑选家具一定要多选选、多看看啊。

案例中的导购员面对顾客对于红木家具材料里出现边材表示不理解的情况，没有表现出不耐烦、嘲讽等错误应对，而是积极地为顾客解释原因，并且教会顾客如何辨别红木家具材料，很好地解决了顾客的异议。当顾客对产品存在质疑时，不一定会直接说出来，我们要通过顾客的表情、反应来判断，进而解决顾客的异议。

（2）产品本身质量问题

当产品本身出现了质量问题时，我们不能违背事实去狡辩，应该实事求是，坚持一切从实际出发，将实事求是的理念贯穿于工作的全过程。面对产品本身质量问题，我们需要直接道歉，并且解释原因，给顾客提出相应建议。

顾客：你们这个产品这里封边开裂了，是坏了吗？

导购员：您好，首先很抱歉给您带来了不好的购买体验。造成封边开裂的原因有很多，店内的样柜因为需要进行展示，我们经常拿钥匙等尖锐物品去划给顾客看，展示频率很高；其次，店面内经常搬运一些大件货物，难免会有磕磕碰碰，您买回家正常使用是不会有任何问题的，我们板材使用的是先进机器设备封边，抛光处理后板材不仅光滑、美观，还能够防水、防潮，不过家具也需要我们保养，才会使用得更长久，您在我们这买了家具，我们有定期免费保养的，您完全可以放心。

案例中的导购员面对顾客提出的家具封边开裂问题，首先表示歉意，之后耐心解释封边开裂的原因，并向顾客保证产品放在家里不会出现这样的情况，并借机展示产品优势和服务优势，打消顾客的疑虑。

2. 产品设计异议

家具产品设计应该满足舒适、耐久、美观、安全等基本的要求，这些必备功能也是家具制造行业不断深入研究的内容。产品所选用的材料是否结实、耐用、环保，产品的尺寸弧度等是否符合人体工程学，产品的造型、颜色等是否符合审美，这些都属于产品设计异议。当顾客提出产品设计异议时，并不是在拒绝产品，只是需要更多了解产品，进而决定是否购买。产品设计异议可以分为定制家具产品设计异议和成品家具产品设计异议。

（1）定制家具产品设计异议

定制家具是家具企业在大规模生产的基础上，将每一位消费者都视为单独的顾客，消费者根据自己的要求设计想要的家具。设计师以及导购员要树立以人为本的设计理念，根据消费者的设计要求，生产个人专属家具，根据顾客房屋的情况以及个人的喜好、习惯可以进行私人定制，所以当顾客对产品产生设计异议时，需要我们深入了解顾客消费需求，从专业角度，结合顾客需求进行定制即可。但定制家具不是随意跟着顾客需求去完全改变，我们必须从专业角度为顾客考虑问题。

顾客：你这个台面设计有点高，我爱人个子娇小，做低一些才好吧？

导购员：您好，跟您沟通过程中发现厨房是您的主战场啊，您个子比较高，所以我们台面根据您的身高来设置的，这样您使用起来会比较舒适，不过您不用担心，我们设置了隐藏的脚踏，您看一下，您爱人使用起来也会很方便的。

（2）成品家具产品设计异议

成品家具一般指的是沙发、床、餐桌、椅子、电视柜、茶几、床头柜、斗柜等，不是完全不能定制的，一般颜色、布、皮都可以根据厂家提供的色板选择。但成品家具有标准的造型、尺寸，这些基本上是不可更改的，有些厂家可以更改，但是收费高且交货慢，所以成品家具造型、尺寸定制相对较少。

有时顾客对于产品设计的异议恰好是我们无法为其提供的，我们不能置之不理，也不能放弃，有些产品设计异议我们运用适当的方法是可以巧妙化解的。

成品家具中，顾客常常提出的产品设计异议有很多，比如家具颜色太深了、家具坐着不舒服、家具材料能不能换等，这些即使工厂不能定制，我们也可以从专业角度向顾客解释我们的设计，试着转换顾客的思维。

顾客：这个太师椅坐着太不舒服了，能不能把椅背设计成S形？

导购员：王总，您看了玫瑰椅、官帽椅等几款椅子，为什么想买太师椅啊？

顾客：这款造型大气，我想放在办公室，会客用。

导购员：您眼光真好，这款椅子的确造型大气，是古代唯一用官衔来命名的家具呢，代表着权贵和威严，古代就有“舒适让位于尊严”之说，它可能没那么舒服，但坐着就是有威严，所以清朝中后期很多王公显贵都特别喜欢。现在人们有了新的研究，称为“舒适让位于健康”，有研究表明由于太师椅“规矩”的造型，可适当预防腰背疼痛。所以，王总，其实这款椅子现在的造型就是原汁原味的仿古家具。

3. 产品品牌异议

品牌是企业的形象，凝聚着企业精神、风格和信誉，所以顾客在选购家具时也会考虑品牌效应，比如会产生“这个品牌的口碑好不好、这个品牌的知名度怎么样、这个品牌与××家比较怎么样”等异议，这个时候导购员不能因自己品牌响亮而沾沾自喜，也不能因为品牌知名度小而自卑，应该借机向顾客展示品牌文化和实力。

顾客：B品牌我总在电视上看到，你家品牌我没怎么听说过，服务能有保障吗?

导购员：B品牌常在电视上做广告，我也常常能看见，王先生您是通过广告知道B品牌的，那我们品牌您是怎么了解到的呢?

顾客：我听朋友说你家不错，他让我来看看。

导购员：好多顾客拿我们和B品牌做对比呢，顾客的口碑其实也是我们的广告。广告宣传是一笔相当大的支出，不如拿这笔费用进行技术改进、提升产品质量以及让利给顾客，这样顾客能够买到性价比更高的产品；刚才听我介绍您就知道我们公司和几所高校都有合作，所以我们的产品和服务您完全可以放心。我们老板也是特别有爱的一个人，经常带员工去扶贫、做公益等，我带您看一下我们的文化展示墙吧，来，这边请。

4．产品交货周期异议

定制家具因其产品的个性化，单套产品可能或多或少地存在一定的独特性，因此交货周期有所不同。一般来说，定制家具交货周期为30天，实木定制工艺较为复杂，交货期一般会更长；成品家具有白坯常备库存，或者白坯正在生产线上的，一般厂家的生产时间在20天左右，但是遇到没有木白坯需要重新安排生产的情况时，一般就需要50天左右。无论是定制家具还是成品家具，如果遇到销售旺季，可能交货周期还会延长。

顾客在做出购买决策前，一定会问产品交货周期。如果是正常计划，按期交货，这里就不会产生异议，但也有的顾客是急用，有的顾客是想尽快搬进新家，想快一点收货，这时就会产生顾客的期待与实际服务的落差，产生交货周期异议。面对交货周期异议，我们需要为顾客解释交货周期的合理性，并且积极协调寻找解决方法。

顾客：我急着开业，30天时间有点长。

导购员：您的心情我能理解，家具安装完您就可以布置饰品了。其实定制家具的流程比较复杂，咱们现在马上到下单环节了，下单后也要开料、排孔、封边、试装、清洁、打包、运输、上门安装等，定制家具不同于成品家具有统一的尺寸或者款式、颜色、风格，我们每一个单子都需要重新开料生产制作，即使现在的定制家具品牌都是高技术标准的流水线生产，但定制尺寸不一，因此要不断调整设备参数，所以耗时也相对较长，平均周期是35天左右，您这个单子整个市场您可以去了解，只有像我们这样的品牌才可以承诺30天给您出货，我们把控每一个环节，争取家具到您家不出差错，给您往前排单，再挤出一点时间，您现在定了，咱们就抓紧时间安排起来。

二、产品异议应对策略

不论面对产品质量异议还是产品设计、品牌等异议，我们都有一个通用应对策略。

1．直面出击，切勿闪躲

顾客提出了产品异议，我们要直接面对异议，不躲闪，不逃避，不转移异议。

2．澄清事由，获得信赖

耐心向顾客解释清楚为什么会出现这样的问题，让顾客了解情况，相信我们家具的品质。

3．提出建议，彰显细心

我们提出的建议一定要从顾客角度出发，并且要切实可行。

案例展示：处理“产品设计不合理”异议

处理设计不合理异议

导购员：我刚才听您说还想看餐边柜，您看这个和那个材质、颜色都是统一的。

顾客：哦，那你们这个尺寸是多大的啊？

导购员：您大概需要一个多大的？（直面出击，切勿闪躲）

顾客：我量一下吧，好吧？

导购员：行，您有印象么？需要多大一个尺寸？

顾客：我看一下，我家好像没那么大，你们能不能定制啊？

导购员：我们现在加工全是这种流水线的，不建议您定制，一个是周期时间太长，另外来说，成本也过高，您看比如流水线如果有一点需要调整的地方，我们很好调整，但是如果定制，就是非标准的，以后做售后相对也会很麻烦。（澄清事由，获得信赖）

顾客：但是说实话，我们家空间没有这么大。

导购员：您家能放多大的？

顾客：也就一个两米多一点的。

导购员：等于大了差不多一组是吧？

顾客：对，差不多一组。

导购员：您看它全是组合形式的，您看这儿是可以独立的。

顾客：是不是能拆开？

导购员：您看现在这个柜子，是80cm的，可以做40cm的。

顾客：还可以这么做啊？

导购员：另外还有一种尺寸变化，现在是40cm，然后略大一点也是单门的，是60cm的。

顾客：哦，选择还不少呢？

导购员：包括这个柜子，和这个柜子是一样的，也是可以变化尺寸的，虽然不是给您定制，但是这么多的尺寸变化，也相当于定制了。（提出建议，彰显细心）

顾客：原来还真不知道，那这样吧，我回家好好量一量。

导购员：您再来的时候将详细的尺寸图带过来，我再帮您好好算一算，到底怎么搭配实惠又实用。

顾客：好的，那我就回家好好量一量，谢谢啊。

导购员：不客气。

拓展训练

自选情景，运用所学方法编写导购语，进行情景模拟演练。

1. 成品家具储存空间少；
2. 你们的东南亚风格家具怎么这么低矮；
3. 你们的家具配色有点太单一了；
4. 你们的家具环保吗？

任务三　处理价格异议

顾客总是想花最少的钱买到喜欢的家具，总会想别人是不是买的更便宜，过一段时间再买是不是更优惠，因此就会提出价格异议。价格异议是指顾客以推荐产品价格过高而拒绝购买的异议。其实无论产品的价格如何，总有人会说价格太高、不合理或者比竞争者的价格高，我们要正确处理价格异议，满足顾客对于价值的期待，用价值来体现价格。

处理价格异议

一、价格异议分类

顾客在选购家具过程中可能不止一次提到价格异议，我们要根据顾客提出异议时间来判断如何处理价格异议。常见的价格异议有“家具太贵了”“家具比B品牌贵”“价格比活动时候高”等。

1.“家具太贵了”价格异议

“家具太贵了”是一定会出现的价格异议，几乎每一个产品订单都需要一场价格博弈。针对“家具太贵了”价格异议，可以分为两种情况：一是刚进店提出价格异议，二是了解产品后提出价格异议。

（1）刚进店提出价格异议

顾客刚进店对产品还不了解，这时询问价格只是初步了解一下本品牌家具的价格区间，并不是真正要提出价格异议。面对这种情况，我们需要转移顾客对于价格的注意力，多了解顾客的需求，根据需求推荐产品的优势，带顾客认识产品的价值。

顾客：这套橱柜多少钱啊？

导购员：您好，这套橱柜的尺寸、造型、五金等都需要根据您的实际情况进行调整，我来为您介绍一下这套家具吧。

顾客：那就现在这个多少钱啊？

导购员：这套是××元，现在有活动，还可以打折的。

顾客：好贵啊。

导购员：是有点贵，不过我们的家具和您的身份正好匹配，我为您介绍一下吧！您看衣柜所选用的板材大多数都是用实木颗粒板制造的，采用先进设备封边，经过14道工艺处理，环保等级高于国家标准E1级，我们是定制衣柜行业首家获得××认证的品牌。

（2）了解产品后提出价格异议

当顾客进一步了解产品后，再次针对产品提出价格异议，我们首先要表达同理，来拉近彼此的距离，面对顾客说“你家的家具我买不起”，我们可以这样回答：“我们家产品您说贵我能理解，因为我刚来做销售时也这么觉得”；其次是询问原因，对症下药，例：“您说的比较贵，是和其他家对比吗？”这也是要提醒大家注意的地方，切忌直接说出产品价值，应问清楚顾客的异议在哪里；最后要解除异议，渗透价值，我们可以使用痛苦加大法，导购员可以这样说：“买家具是一笔大开支，我的建议呢，可以少买，但不要凑合，如果买到不环保的家具，那会给您带来很多麻烦。”

顾客：听你这么介绍，这套柜子的确挺适合我们家的，就是价格太贵了。

导购员：我们产品的确不便宜，很多顾客都这样说过，您说我们产品贵是和哪家进行对比呢？

顾客：别家店看过，主要是产品价格超出我的预算了啊。

导购员：是这样，在装修时都会做预算，真正选购产品时才发现还有很多没想到的，可不就都超出预算了，刚听您说您家小区位置以及室内材料的一些品牌，就知道您是用习惯了好产品的，所以您更得选我们的家具了。

顾客：好贵啊。

导购员：您看我们的家具质量怎么样？

顾客：质量是挺好，价格也挺贵。

导购员：我们的家具从设计到选材到制作都是很好的，您喜欢的这款系列产品，黑、白、灰三种简单、干净、利落的颜色，用橡木色搭配幻影灰，勾勒出了现代空间的轻奢质感，正是您要的那种感觉吧？这边是隐藏式拉手，立面简洁统一，无过多装饰，给人一种简约高端的感觉，同时省去了挑选把手的烦恼，不用担心把手搭配不好而影响柜子外观；您家3岁的小朋友正是最爱动的时候，容易磕碰，您看我们每一处细节设计，消除了小朋友磕碰的隐患。

2. 家具比B品牌贵

顾客做出购买决策之前，常常选定两三家进行比较，比较造型、材料等，也一定会进行价格比较的，通常顾客比较的产品定位比较相似，在风格、设计等方面有共同点，并且价位区间相似，面对顾客针对竞品提出价格异议，我们一定要注意一些回答禁忌。

顾客：我感觉这也差不多啊！

导购员：还是有不一样的地方，如果质量真的没有别家好，您刚才就不会回来了，还是比他家的质量好，如果您说的那个价格，能买到这么好的产品，您有多少我要多少。

顾客：人家那边能直接给我便宜××元呢！

导购员：那家的品牌您还敢买呢？没有什么保障，质量跟服务也都不行。

此案例为我们展示了“家具比B品牌贵”的错误回答：“我们是品牌店，从来不打折”“那你也得看质量啊，它家家具的质量不好”“我们家具也没贵多少啊”。当顾客向我们提起B品牌时，我们不可以诋毁B品牌，也不可以直接强调自己品牌的实力在哪里，这样会让顾客心里感觉不舒服。我们首先表达理解顾客，向顾客表示“不是只有您拿我们品牌和B品牌比较，其他很多顾客也比较过”，然后可以询问顾客对B品牌的印象，了解顾客对B品牌的喜爱方面及购买意向等，最后用我们平时积累的竞品知识，以强搏弱，强化我们的优势，适当时机可以展示一些证据，向顾客渗透产品价值。

顾客：B品牌的产品和你家产品差不多，但是比你家便宜多了。

导购员：是的，因为我们两个品牌在风格上比较接近，所以很多人在比较的时候也遇到过类似的情况，其实从风格和款式上来看确实是差不多，但大多数顾客在比较以后还会选择我们，是因为我们的材料相对更环保，使用先进设备封边，封边结合力强，不易脱落，平滑，不毛糙，不易变黑，我用钥匙给您划一下，您看，多结实。您再去其他品牌看时，着重看一下封边，比较一下，您就知道我们的产品是真的好了。

3. 平日比活动贵

随着经济发展，家具行业也与时俱进，不再像以前那样等着顾客主动上门，逐渐学着走出去，通过一些促销活动来吸引顾客上门，把自己的家具品牌推广到千家万户。促销主要打的是价格战，所以很多顾客会认定活动期间价格一定会更便宜，尤其是比较大型、知名的假期活动，比如五一、十一黄金周，双11大促，元旦活动等，所以日常选购家具的顾客总会觉得价格优惠力度一定不如以上促销活动大，这也是一种典型的价格异议。

无论在日常销售还是活动期间，都应该坚持等价交换原则，价格升降幅度应遵循成本原则，坚持买卖公平，如果价格长期低于成本，企业出售产品所得不足以弥补原材料和人工耗费，或不能取得利润，企业就不可能扩大生产规模，甚至不能维持简单再生产，社会再生产过程就将中断。如果价格长期高于成本，企业轻易获得高额利润，则会影响企业提高经营管理水平和发展生产。

面对“比促销活动贵”价格异议，首先不要直接拒绝顾客，应表示理解顾客的顾虑，其次是询问顾客在促销活动期没有选择购买的原因，加深对顾客购买心理的分析，最后提供合理解决方案，并为顾客渗透品牌价值，让顾客买得放心。

顾客：上次来八折，现在是什么价格呀？

导购员：是这样的，上次您来正好赶上五一活动，那个时候我们全国门店都打八折，但是现在活动期已经过了。现在只能是八八折了。

顾客：八八折啊，八八折和八折也差太多了吧。那这样吧，如果这套家具打八折的话，我现在就下单。

导购员：您的心情我能理解，现在价格和活动价格比较的确是贵了一些。王先生，上次活动时您怎么没直接下单呢？现在活动期过了，上次的八折是五一活动，全国统一价格。

顾客：我当时想着再比比看，八折真的不可以吗？

导购员：王先生，感谢您比较后选择我们，您想一下，像您这么有身份有地位的人，肯定去过很多品牌店，衣服、鞋、包都是全国统一价格，都不是随便能够打折的，这才是真正的品牌，您说是不是？

顾客：你说的倒是有道理。但主要八折和八八折差好多钱呢，这样吧，你能不能申请一下？

导购员：好，那您稍等一下，我去帮您申请一下吧，但是能不能满足您的要求，我还真不敢保证，我尽力。

（10min后）

导购员：王先生，您先喝点水吧，让您久等了，不好意思啊，我刚才给我们经理打电话，把您的意思跟他说了一下，但是上次真的是因为五一才有的八折的活动，这次真的不可以。但是给您争取到了八五折。同时，我还为您申请了赠品，您太太上次来非常喜欢这幅画，您还记得吗？

顾客：记得，我太太是真的挺喜欢这幅画的。

导购员：我们经理的意思是把这幅画送给您太太，这样的话整体下来也就是八折了。

顾客：这样啊，算了，既然我太太非常喜欢这幅画，也非常喜欢你们的家具，那你帮我算一下一共多少钱，我定了吧。

二、价格异议应对策略

面对“家具太贵了”“家具比B品牌贵”“家具比活动时候贵”等价格异议，都有一个通用应对策略。

1. 表达同理，拉近距离

顾客提出价格异议时，不能直接反驳，不能表现出瞧不起、轻蔑等，要表示理解顾客，谁都想花最少的钱买到最好的家具，而且买家具是一笔大的开支，所以理解顾客所说的贵，进而拉近彼此的距离。

2. 询问原因，对症下药

先了解顾客所说价格贵的原因，与自己的预算相比贵、与其他品牌比贵，还是与活动价比贵，了解原因，了解顾客的心理，才能有针对性地解决问题。

3. 解除异议，渗透价值

向顾客解释原因或者提出解决方案，解除顾客的价格异议，同时和顾客谈产品的价值，而不是讨论价格，顾客更多地认可产品价值时，才会解除价格异议。

案例展示：处理“家具太贵了”价格异议

顾客：别人家家具八折，你们才九五折，我觉得折扣还是有点儿少。

导购员：别人家价格确实有可能比我们低一点，我也非常理解您，都希望以最低的价格买到最好品质的商品，顾客一般都会担心三点：第一点是价格，第二点是质量，第三点是售后服务。您也是这么认为的对吗？（表达同理心、拉近距离）

顾客：对。

导购员：没有一家店铺会以最低的价格提供最好品质的商品和售后服务，打个比方，您永远不可能以桑塔纳的价格买到奔驰对吧？

顾客：嗯，这倒是。

导购员：另外，您认为家具的环保

重要吗？（询问，了解顾客需求）

顾客：嗯，这个是我们现在最关注的问题。

导购员：有些家具价格是便宜，但是它的环保做得不一定好。就比如有些人为了省一笔钱，结果买到的家具不环保，给家人的健康带来了危害。

顾客：我在网上也看过类似的报道。

导购员：我们的家具采用的是食品级胶，儿童玩具漆，甲醛含量非常低，环保这一点您可以放心。（逐步解除异议）

顾客：嗯，你们家有环保证书吗？

导购员：有啊，您可以看一下。

导购员：您认为售后服务是否也同样重要呢？

顾客：嗯。

导购员：我们企业在国内也是有口碑的，您认为我们的服务和品牌是否能够给您带来更好的后续服务呢？（逐步渗透价值）

顾客：嗯。

导购员：我建议您买家具一定要买大品牌，家具放在家里也是非常有档次的，对吧？

顾客：嗯。

拓展训练

自选情景，运用所学方法编写导购语，进行情景模拟演练。

1. 再便宜××元我就买；
2. 隔壁品牌和你家差不多，便宜好几千元；
3. 年底促销可能更便宜；
4. 按上次活动价格，我就买。

任务四　处理权力异议

处理权力异议

经常会遇到这样的情况，客人多次进店，好像很喜欢产品，可是不下单，作为导购员，一定要想方设法让顾客留下，从专业角度为顾客解决权力异议，减少顾客疑虑，成交机会也就多了。

一、权力异议分类

做出购买决策前，有时顾客会用“这个我也做不了主”“还是回家问问我太太”等理由来拖延或者拒绝购买。常见的权力异议有“家人不同意”“家具使用者没来”和“朋友提出反对意见”等。

1.“家人不同意”权力异议

购买家具常常都会有家人相伴，可能和伴侣一起选购家具，也可能是和父母一起选购家具，每个人都是独立的个体，有着自己的喜好与审美，可能就会出现意见不统一的情况，面对顾客权力异议时，我们来看一个错误案例：

夫妻俩为了产品的颜色起了小争执，准备离店：

顾客女：我感觉米色好。

顾客男：还是灰色好。

顾客女：不是说都听我的吗？

顾客男：我不喜欢，咱俩达不成共识，那就别买了，回家吧。

导购员：这两个我们店都有货，不过我认为男士应该让着太太，要不要再看看米色呢？

案例中的导购员为我们展示了权力异议的错误回答，用感性方式帮顾客直接做决定，后果是可能激化矛盾，也可能传递不专业信息，不利于解决异议。

面对顾客的权力异议时，首先应该观察分析，并进行权力判断，耐心倾听，给予顾客足够的空间，如果顾客矛盾激化，可适当回避，通过客人的谈话，判断彼此的地位。案例中夫妻二人如果已经争吵起来，导购员可以这样说："先坐下来喝杯茶，二位说的都有道理，不如我给你们做个效果图，咱们看看哪个好可以吗？"这里需要强调的是判断顾客的地位是为了更好地促成，而不是在服务态度上区别对待顾客，作为导购员，对待顾客要做到一视同仁，不能因为判断出谁更有话语权就去吹捧他（她），进而打压没有话语权的顾客；其次，积极应对，征询建议，不要直接给顾客做决定，例："我根据二位的家庭装修做了效果图，根据这么多年的经验判断，可能先生选择的灰色更适合，为什么这么说呢……"然后说出原因。

顾客女：那咱们卧室、客厅、书房都要他们家的这个系列吧。

顾客男：这么多都在这里买？

顾客女：我觉得挺好的啊，咱俩不是来好几次了么，你喜欢的那家我真不太喜欢。

顾客男：那你叫我来干什么？

顾客女：给意见啊。

顾客男：我给意见你说我干涉，我不说你又说我没有意见，你怎么那么难伺候？

导购员：我听出二位的分歧了，先生喜欢其他品牌的家具，是吧？方便告诉我哪家吗？

顾客男：一进门那个品牌，特别大气的那家。

顾客女：他家家具就跟土豪似的，一点品位也没有。

导购员：他家品牌也是不错的，我们两家风格略有不同，我们属于轻奢风，他们家比较奢华，主要取决于二位想营造什么样的氛围？

顾客男：他家家具我挺喜欢的，喜欢它的设计风格和颜色，书房家具很大气，当然你家家具也不错，我就是觉得应该再看看。

导购员：对，买家具一用就是十多年，应该多挑选，先生的想法没有错，您家是70多平方米，两室一厅，一个卧室，一个书房，对吧？

顾客男：是的。

导购员：书房面积不是很大，是吧？

顾客男：是的，不算大。

导购员：B品牌家具造型比较厚重，装饰奢华，摆在家里的确有一种奢华的感觉，很漂亮，不过咱们也要根据户型来看，比如您家书房，本身面积就不是很大，再摆上这种类型的家具，可能会有些拥挤，不仅没有了原本的奢华，反而有一种压迫感，您觉得呢？

顾客女：对，我就是这样觉得，就是没说出来，你说出了我的感受。

导购员：其实您二位都是要把家里装修得漂漂亮亮的，就是想法不一样。

顾客男：你这么一说，好像是这么回事。

导购员：上次二位走了之后，我给您家做了效果图，我打开给二位看看……

2.“家具使用者没来”权力异议

有时来选购家具的顾客不一定是真正的家具使用者，比如为孩子选家具，孩子在外地，或者为老人选家具，老人不想破费等。所以购买时又多了一个顾虑，也就是是否符合真正使用者的需求，这很有可能就是顾客犹豫不下订单的原因，导购员必须打消顾客的疑虑，让顾客下定决心购买。面对“家具使用者没来”权力异议，导购员需要先观察分析家具使用者为什么没来，在使用者没来的情况下，客人是否有权力做出购买决策；再找出解决办法，帮助顾客处理家具使用者没来的异议。

顾客：我爸这人哪儿都好，就是不愿意买东西，买不好还不用，老说我乱花钱，他那床弹簧都塌下去了，翻身都有声音，他也睡不好觉啊。

导购员：您真孝顺，老人家那一代艰苦朴素惯了，东西都是能节俭就节俭，您平时给他买东西，老爷子也埋怨您吧？

顾客：埋怨，平时买衣服，我知道尺码，买完他不喜欢我还能退换，但是这床我有点不敢买，怕买回去他不用，这我真是没地方放啊。

导购员：这个产品功能您不用担心，就是款式老爷子喜不喜欢，您可以发个视频，让老爷子看看。

顾客：说这个，我更是不知道怎么说，买了智能手机，教他微信视频、语音都不用，还用老年机呢！

导购员：这个产品手册里有详细介绍说明，您都拿回去给他看看，准能喜欢。不过您现在完全可以下单，还有最后一天优惠活动，咱们先把家具定下来，不喜欢也是可以退的。通过跟您沟通，我发现其实您家老爷子就是不舍得花钱，怕浪费。

3.“朋友提出反对意见”权力异议

选购家具属于大笔开支，顾客怕上当受骗，所以会请一些朋友一起来帮忙把关，这时顾客朋友的建议有举足轻重的作用，顾客的朋友虽不具有家具购买决策权，但是他的一句话可能就会让你彻底失去这个顾客，也可能帮你说服这个顾客，所以解决好“朋友提出反对意见”权力异议，给我们更多机会促成订单。顾客带朋友来时，不要忽略这位朋友，特别是当这位朋友表现得很专业时，我们可以适当赞美或者请教，拉近距离，让他成为我们的帮手。在此过程中分析判断两点：第一，这位朋友是否专业；第二，在顾客做出购买决策时其建议的分量。另外，提出异议时，我们不能忽视，应给予重视，积极应对，解决异议。

顾客：李哥，你看这个家具，我感觉挺适合我们家的。

顾客朋友：小王，这种家具就是看着好看，并不实用，可以多了解一下。

导购员：李先生在选购家具方面很有经验吧？

顾客朋友：经验不敢说，就是能少让你们坑点儿。

导购员：李先生真幽默，不过也的确是，家具市场以前还是挺乱的，这几年逐步正规了，不过买家具还是要小心谨慎，避免踩雷。

顾客朋友：嗯，你还挺实在的。

导购员：我们品牌考核严格，上岗前要针对专业以及个人素养进行考核，就像我们产品一样，严把质量关。王先生，您刚才看的这款家具质量就很好，我给二位示范一下。（推开抽拉门，踩上去）

顾客朋友：你这都敢这么测试啊，这不错啊！

导购员：是的，这款家具经过100kg以上体重的人反复测试过，承重完全没问题，因为采用的滑轮由碳素玻璃纤维制成，承重强，耐磨，可反复推拉10万次以上。滑动轻松、安静，单扇门可承受100kg以上，而且是封闭式防尘设计，灰尘不易进入，非常实用，你们二位觉得呢？

二、权力异议应对策略

不论面对“家人不同意”“家具使用者没来”，还是“朋友提出反对意见”等异议，面对产品权力异议，都有一个通用应对策略。

1. 观察分析，进行判断

针对权力异议，不可直接进行肯定或反驳，应该在与顾客的沟通过程中认真观察，分析进店顾客有没有决策权，或者进店顾客谁更有决策权，有针对性地进行介绍。

2. 积极应对，征询建议

判断顾客是否具有决策权后，针对其提出的权力异议，我们可以提出一些解决办法，给顾客一些建议，但是不要直接给顾客做决定，应该从专业的角度试探性地帮助顾客做决定。

案例展示：处理“家具使用者没来”权力异议

导购员：李女士，咱们坐下来休息一会，看来您逛一天了，是吗？

顾客：嗯，谢谢，确实挺累的，真是比上班都累啊！

导购员：买家具很辛苦。

顾客：谢谢！啊，这个沙发就好舒服啊。

导购员：其实这款沙发很不错的，今年特别流行。

顾客：我是给我女儿选，她一家人从国外回来过暑假，帮她布置一下房间。

导购员：给您女儿买是吗？这款沙发是现在比较流行的简约风，符合年轻人的品位。（观察分析，进行判断）

顾客：但是我也不知道她喜不喜欢，我还是等她回来带她过来看看吧。

导购员：她是要从国外回来吗？

顾客：嗯，对。

导购员：刚回来您就带她来买家具，这样会不会很辛苦？还不如两个人坐在家里聊聊天，您听我跟您介绍一下这款家具。这款沙发的材料、五金都是优质的，质量方面您可以完全放心，家具也都是简约、清新又透着大气沉稳的风格……

顾客：嗯，嗯，嗯。

导购员：您女儿刚从国外回来，倒不如给她一个眼前一亮的感觉，您说呢？（积极应对，征询建议）

顾客：嗯，确实是这个道理。

导购员：而且现在我们这个家具正在打折，安装师傅也在，可尽快让安装师傅把家具送到您家进行安装，这样也避免了一些不必要的麻烦，您说是吧？这样吧，来，王师傅。

安装师傅：哎，怎么了？

导购员：这位女士她的女儿要从国外回来，您尽快将家具给这位女士安装好。（积极应对）

安装师傅：行，您放心。

导购员：好的。王师傅办事您可以放心。

顾客：嗯，行，你说的也挺有道理，那行吧。

导购员：那我们这边签订单。

拓展训练

自选情景，运用所学方法编写导购语，进行情景模拟演练。

1. 配偶喜欢隔壁品牌；
2. 妻子喜欢本品牌A产品，本人喜欢本品牌B产品；
3. 给父母买家具父母未到场；
4. 顾客同行朋友对顾客说不喜欢。

情境六

促进成交

学习目标

通过本情境的学习，掌握成交时机和各类成交方法的使用；能够根据顾客类型和情况抓住成交时机，使用适合的成交方法促成订单；培养抓住机遇、不畏挑战的进取精神，培养环保、绿色健康的生活意识，同时，提升收集、分析顾客意见的能力。

任务一　直接法促进顾客成交

直接法促进顾客成交

促进成交就像足球比赛中的临门一脚，进不进不一定，但是我们要向“球门”努力，所以不能一直等待顾客主动下订单，应该主动出击，帮助顾客做决定。

美国一位销售专家进行过这样一个实验：他将钱包搞得破烂不堪，然后穿上笔挺的西服，到大商场买领带。在这些商场里，领带和钱包在一起销售。他装作不小心将钱包掉在地上，销售员都能主动帮他将钱包捡起来，但没有一个销售员对这个衣装笔挺但用一个破烂不堪的钱包的人说“您该换一个钱包了”。这位销售专家得出一个结论：许多销售人员不能抓住销售机遇，总是犹豫、畏惧，因而失去机会。作为一名导购员，应抓住机遇、不畏挑战、积极进取，主动向顾客提出成交请求。

直接成交法，也叫直接请求购买成交法，就是在向顾客推荐产品后，提出购买的请求。直接成交法减少了不必要的掩饰，直接让顾客接收成交信息，由导购员督促顾客做出决策。

一、直接法使用时机

在下列情况下可优先考虑使用直接法。

1. 对某一商品兴趣浓厚

当顾客已经明确表现出对商品感兴趣时，我们可以抓住时机，在顾客体验产品时，借机提出成交。可以这样表达：“××先生，您挑了这么久，难得碰见这么合适的产品，您就直接订了吧。”

2. 与顾客建立稳定关系

当导购员和顾客之间较为熟络时，可以趁热打铁，促成产品订单，例如：“××，我推荐的产品您放心用，都是性价比高的，您今天订吧，手机支付还是刷卡支付？”

3. 沟通时间紧迫

当与顾客沟通时间紧迫时，需要提高效率，快速推进销售进度，检验沟通效果，这时抓住时机，可以尝试直接促进成交，例如："××，您能从北京来广州跑这么远来看家具，可见您是多么注重品质的人了，产品您也看中了，回去之前就订了吧，这样就不用白跑一趟了。"

4. 顾客暂时没有提出新的异议

解决顾客提出的异议且暂时没有提出新的异议时，我们可以提出成交请求，这也是非常好的成交时机，顾客容易下订单，例如："材质、尺寸、配件等现在都确定下来了，交货周期也没问题了。我根据咱们刚才的沟通情况草拟了一份合同，您看看，如果没问题，您签字后我们就可以安排下单生产了。"

二、直接法分类

根据请求技巧，直接法可以细分为选择成交法、部分成交法、填写合同成交法、至尊成交法、价格拆分法等。

1. 选择成交法

选择成交法是给出两种选择，让顾客任选一种成交。可能顾客留意了很多产品，我们可以从不同角度帮助其缩小范围，并引导成交，例如："××，我们这套沙发06号和08号颜色都适合您家的风格，现在就看您更喜欢哪个颜色，您今天确定下来，月底就可以给您送货了。"

2. 部分成交法

顾客选购家具可能在多家店面或一家店面完成，当顾客已经确定我们成套家具的大部分，只剩一小部分还在犹豫时，导购员可以建议顾客把确定的部分先定下来，其余的回去考虑后再决定。例如："××，您不确定这款产品您先生是否喜欢，那今天就先把床和床头柜定下来吧，等您先生有时间您再跟他一起过来挑选其他产品。"

3. 填写合同成交法

填写合同成交法的成交请求提出更为直接，对顾客成交刺激较大，要在解除顾客所有异议后，且顾客已经选定我们的家具了，填写合同并交予顾客签字。例如："××，这是根据您的要求草拟的合同，没什么问题您就签字，我就安排给您出库。"

4. 至尊成交法

通过和顾客沟通交流，深入了解后，可适当夸赞对方，让顾客觉得以他的身份使用我们推荐的高档家具更合适。例如："××，您住在那么好的别墅里，只有这套家具才配得上，其他的我都不好意思向您推荐。"

5. 价格拆分法

价格拆分法是一种心理策略，是指将产品的总价进行分解，分解到时间单位每年、每月、每日所支付的金额，或者分解到产品的每个单体、单体的零部件所支付的金额，进而使家具价格不断贴近顾客心理价位的一种方法。

价格拆分法最早应用要从国外一个街头售卖昂贵自行车案例说起。当时，在大家的认知里，平常一辆自行车也就300美元，可是案例中的主人公蒙哥马利的自行车售价1200美元，等待他的是无数次的拒绝。

一个中年人要求试车，骑了两圈，感觉还不错，就开始问价。

当蒙哥马利告诉他这辆车的价格是1200美元时，那个中年人惊呼："太贵了！"准备离开，蒙哥马利赶紧问他的心理价格是多少，中年人想了想说："不超过300美元吧。"

“那么，你买了那辆300美元的车后，打算骑几年呢？”蒙哥马利问。

“我想，应该不会超过3年。”中年人说。

“你觉得我这辆车你能够骑几年？”蒙哥马利又问。

“正常使用，10年应该没有任何问题。”中年人顿了顿又补充说，“我知道你的车质量好，问题就是太贵了。”

“我们不妨算一笔账：一辆300美元的车骑3年，每年平均花100美元，而我的车卖1200美元，可以骑10年，每年需要120美元，这样说来，每年要贵20美元。”蒙哥马利说到这里，又接着问，“你的自行车每天骑几次？”

“固定的上下班是一天两次，还有不固定的，估计每天最起码有3次吧！”

“就是说，一年里面大约要骑1095次，这样你每次实际上需要多付0.018美元，那么，凭这0.018美元就能让你拥有一辆高性能的自行车，你觉得划算吗？”蒙哥马利微笑着问。

“只贵0.018美元，听上去很实惠。”中年人顿时来了兴致。他摸了摸蒙哥马利的自行车，最后决定将其买下。

初战告捷，蒙哥马利更加有信心了。这一天，他用价格拆分法居然卖出了18辆自行车，更重要的是买走自行车的人都没觉得贵，反而还觉得很实惠。

价格拆分法同样适用于家具产品，例如我们可以这样和顾客说：“一件5000元的产品，一般的保修期是10年，那每年相当于只花500元，每月只花40多元，每天只花1元多，一瓶水的价钱就可以买到这么好的产品，还是很值的。”

根据不同情景，有以下几种拆分策略：

（1）全额拆分

将家具的总价进行拆分，例如一件家具售价2400元，一年12个月，一个月按30天算，那么一天花费就是6.66元。

（2）差额拆分

差额拆分就是将家具价格与顾客心理价格进行对比，将两者的差额进行拆分，例如一件家具售价2400元，顾客心理价位是1800元，差额是600元，一年12个月，一个月按30天算，一天多花费1.66元。

（3）使用年限拆分

使用年限拆分就是预估家具使用年限后，将家具全额或差额拆分到每一天，例如一件家具价格是2400元，如果可以使用10年，那么一年花费240元，一年365天，一天不到1元钱。

（4）产品拆分

产品拆分就是将家具总价拆分到每一件家具的板材、五金件、表面涂料等；也可以拆分到工艺，如打磨工序、雕刻工序等，下面我们以拆分到板材为例：

顾客：一样的家具怎么比别人家贵400元呢？

导购员：是的啊，您有细看我们的板材和其他家的有什么区别吗？

顾客：都差不多啊！

导购员：初看差不多，实际上我们的家具板材比其他家的厚0.5cm，在市场上我们这样的板材每块要贵50元，这套家具大概要用8块板材，其实我们的家具也不贵，而且买家具要买结实耐用的，您说呢？

三、直接法的不利情况处理

直接成交法并不是万能成交方法，其成交要求过于直接，也有其缺点。

1．缺点

（1）容易引起顾客的反感

由于过于直接，对敏感的顾客容易引发负面情绪。因此，在已经奠定了较好的沟通基础的情况下用此方法才会更有效果。

（2）容易让销售失控

如果顾客听到导购员直接要求成交的建议后立即用尖锐的异议来反击，导购员在整个销售过程中就会变得被动。

（3）容易破坏沟通气氛

沟通氛围对销售的影响很大，融洽愉悦地进行沟通可以让顾客在轻松的情况下做出有利于销售的决定。被压力冲击后，顾客可能会采取防守的策略，原先好的氛围就会被破坏，从而影响到销售的结果。

2．不利情况处理

当我们使用直接成交法且出现了不利情况时，可以暂时放弃成交请求，强调买不买都没关系，转换沟通内容，比如调整到聊生活、赞美顾客等和产品“无关”的话题。

案例展示：直接法促进顾客成交

直接法促进顾客成交案例

导购员：罗老师，您来了，快，里边请，今天咱们就把家具订了吧。

顾客：嗯，正好今天有时间再过来看看。

导购员：买家具就要多看，精挑细选，买回家也不后悔。

顾客：你说这款家具是白色的好还是棕色的好呢？

导购员：罗老师，我没记错的话，您家屋子是现代简约风格，极简装饰。

顾客：对。

导购员：我根据您家风格做了两个效果图，您看看。

顾客：哎呀，这个还都挺好看的，我也纠结买哪个呢。

导购员：是都挺好看，您家这种装修很有品位，我们家具也好，不过我还是建议您选这套棕色的。因为这套棕色风格的家具跟您家的装修风格搭配起来很有层次感，整体更加端庄、美观，很符合您的气质呢！

（顾客又看了看）

顾客：棕色好像是更适合我家，其实我对你家产品是很满意的。但是曾经我也看过A品牌的产品，价格比你们低好多。

导购员：是这样啊，确实有可能价格比我们的要便宜一些，A也是很好的品牌，可是您有过低的价格买到好的产品的经历么？

顾客：嗯……

导购员：罗老师，您选购家具也挺久了，其实我能看出来您很喜欢我们的家具，价格咱们之前也说过，是最低了，也想早点让您使用上我们的家具，这样，您今天就订了吧，我把您喜欢的那款茶几送给您，您看是不是款式、颜色、送货时间都没问题了？

顾客：嗯。

导购员：这是合同，请您看一下，没问题您就可以签字了，我给您安排送货。

拓展训练

自选情景，运用所学方法编写导购语，进行情景模拟演练。

1. 顾客来了好几次，也不买；
2. 顾客在选择A款还是B款家具上犹豫；
3. 一件大衣柜售价××元，顾客感觉很贵。

任务二　顾客利益法促进顾客成交

顾客利益法促进顾客成交

导购员在向顾客推荐产品时，要想到产品能为顾客解决什么问题，给顾客带来什么利益，一切以顾客的需求为出发点，树立“顾客至上”的服务理念。同样，顾客在购买任何产品时，也都是想着拥有这个产品，可以解决什么问题，能否得到享受，这个产品是否可靠，所以顾客购买的也是一种利益。

顾客利益法，也就是家具导购员着重强调产品能给顾客带来的利益，以此促成交易。顾客利益法可以细分为痛苦加大法、快乐加大法、产品说话法等。

一、痛苦加大法

痛苦加大法需要导购员向顾客描述一个若没有这个产品会给顾客生活带来种种不便的场景，促使顾客想立即拥有。例如：“××，您那么多衣服，而且都是大牌，要是没有一个功能区域这么合理的衣柜将衣服挂起来，那真是对不起您的衣服了。”

在家具销售过程中可以从以下方面让顾客感知痛苦。

1. 环保

随着家具业的蓬勃发展，家具消费也迈入了一个新的阶段，消费者购买家具不仅希望款式新颖独特，更希望花钱买来的是一份保障，一份健康。绿色、环保已逐渐成为家具业基本的门槛，并且随着生活环境的不断优化和生活品质的日益提升，消费者对绿色、环保的要求越来越高。企业一定要把好环保关，杜绝在市场上售卖不环保的家具，我们售卖的不仅是家具，而是环保健康的家居生活品质，更是千万个家庭的幸福生活保障。只有通过国家权威环保机构认证的环保家具才能保障消费者的健康。同时，家具导购员也应该时刻将环保理念谨记于心。

顾客挑选家具时，常常会考虑家具甲醛是否超标、家具安装后多久能入住使用、对健康是否有影响等，家具导购员可以抓住顾客注重健康环保的心理特点，使用痛苦加大法。例如：“××，您看您家宝宝还那么小，免疫力可不比成年人，如果您买的家具不环保，那么对宝宝的成长和健康会有很大的影响。”

2. 质量

家具质量决定使用寿命、使用安全等，而部分家具产品市场混乱，以次充好，用低价吸引消费者眼球，选购时如果不保持理性，被商家的宣传噱头糊弄，很容易上当，新闻也屡次报道，我们可以根据家具质量问题等现象利用痛苦加大法促使顾客成交。例如："李总，您最近是否有看新闻呢？现在很多消费者投诉厂家用材以次充好，家具用了一段时间就变形开裂等，您购买红木家具一定要选大品牌，有"身份证"的家具，您看我们的家具所用的木材原产地都有证明呢，您就订了吧，花这么多钱一定要买到货真价实的产品才对。"

3. 功能

家具的基本功能就是供人们日常生活使用，同时，基于生活中的各种需求，还起到分割室内空间、填补室内空缺、美化居室、塑造气氛等作用。消费者往往重视家具的直接使用功能，例如大床，人们考虑更多的是休息所用，而忽略其是否具有储物的功能，儿童房考虑的是当下是否适合孩子使用，忽略了该家具是否满足孩子的成长需求，导购员应把家具的所有功能根据顾客的实际情况为顾客考虑到位。家具功能需求搭配痛苦加大法使用，往往起到事半功倍的作用。例如："××，您说的B品牌的那个桌子我知道，的确挺大气的，不过针对您家餐厅户型，您买一个不能收纳也不能折叠的餐桌，那么您家里走道空间几乎都没有了。"

4. 服务

向顾客推荐产品时，总要伴随着一定的劳动付出，这些劳动付出是围绕着为顾客提供方便、满足顾客的需要、使顾客在购买产品前后感到满意而进行的，也是围绕在顾客当中建立企业信誉、吸引顾客购买、增强企业的竞争能力而进行的。按产品销售的过程，销售服务可分为售前服务和售后服务两大类。这也是一种常用的划分标准和服务种类。售前服务是指在产品销售之前为顾客提供的各种服务。如产品咨询、产品设计、产品示范等销售服务活动。售后服务是指在产品售出之后为顾客提供的各种服务。如代办托运、产品维修、零件供应、包退包换等销售服务活动。销售服务的根本宗旨在于让顾客满意，树立企业形象，促进产品销售。对于顾客来说，售前服务是其决定是否购买的关键因素，售后服务是对于顾客是否购买到安全可靠产品的检验，如果售后服务体验不好，顾客可能面临投诉无门或是走上维权之路，所以售后服务也是顾客非常看重的一个环节，然而顾客在选购产品时往往忽略这一点。所以，导购员在服务环节可以使用痛苦加大法为成交增加机会。例如："现在家具行业竞争激烈，小企业纷纷倒闭了，假如不小心买到不合格的产品，今后您想要售后服务都找不到人。"

二、快乐加大法

快乐加大法与痛苦加大法正好相反，导购员在成交前可以将使用这个家具后得到的快乐提前描述给顾客，顾客提前了解拥有这套家具的种种利好，就容易下决心购买了。例如："××，您看这个衣柜这么大，可以挂很多衣服，您出门前，挑选想穿的衣服，那该多开心啊！"

痛苦加大法可以从环保、质量、功能、服务等方面让顾客感知痛苦，这几方面也适用于快乐加大法，也就是让顾客知道购买了我们的产品可以获得哪些快乐。以服务这一点为例："我们的品牌已经30多年了，口碑一直都很好，您买回去就放心用吧，一定没什么问题，即使有问题，我们也一定能提供最优质的服务，这就是品牌的实力和信誉，您说呢？"

三、产品说话法

我们常说好的产品会"说话"，市场上口口相传的好口碑远比广告营销更加可靠，产品说话法就是让顾客感受产品的功能，让产品本身"说服"顾客购买。让顾客试一试推荐的产品，然后再给其找一件各方面有差距的产品进行体验，并为其讲解差异，最后再回到我们推荐的产品上体验，并直接促成订单。例如：“××，您试试这个床垫，传统理念认为睡木板床、硬床更健康，其实这是一种误解，传统的木板床、硬床与人体的生理结构相容性比较低，并不适应人体曲线的需要，人躺下时只是头、背、臀、脚跟这四个点受力，腰部悬空，脊柱一直处于僵挺紧张状态，不利于睡眠。您再试试我们的乳胶床垫，融入了人体工程学及领先科技，充分发挥天然乳胶健康环保、防螨抑菌、驱除蚊虫的优势，乳胶床垫接触人体面积是普通床垫的5～6倍，能分散受力，自动调节不良睡姿，从而具有矫形功能。您多躺一会儿就知道两者给您带来的体验感真是太不一样了。”

案例展示：痛苦加大法促进顾客成交

导购员：刘女士，我还想再问您一个问题，您在购买家具的时候，外观、质量、环保这三方面哪个最重要呢？

顾客：家具还会有不环保的情况吗？

导购员：很多消费者都忽略了这一点，其实环保很重要，有的产品达不到国家环保要求，会释放过量有害物质。

顾客：这的确是个问题。

导购员：而且上个月看到过这样的一条新闻……（不合格产品造成的后果，使用痛苦加大法）

顾客：这么严重？

导购员：是的，而且他们现在还在打官司，非常痛苦。（抓住了携子型顾客的痛点，利用环保方面打动顾客，使得顾客进一步了解产品）

顾客：那贴木皮家具会不环保吗？

导购员：首先我不能说贴木皮的家具就是不环保的，但是我可以向您保证，实木家具比贴木皮家具要环保很多。

顾客：我真挺信任你的，我就准备在你这买，你给我好好介绍一下。

拓展训练

运用所学方法编写导购语，进行情景模拟演练。

找出某品牌产品优势，并设计对比；针对这些产品优势列出如果顾客不买你的产品他会有哪些痛苦；列出如果顾客买了你的产品他会得到哪些快乐。

任务三　借助外力法促进顾客成交

借助外力法常常用于促成顾客签单，是一种借助外部环境刺激的方法。然而持续学习、更新资源是借助外力法的基本条件，这就需要我们不断学习，不满足于已获得的知识。

借助外力成交法可细分为从众成交法、机不可失成交法、名人效应成交法、证据成交法，此处主要讲解从众成交法和证据成交法。

一、从众成交法

人的行为既是一种个体行为，受个人观念的支配，也是一种社会行为，受社会环境的影响。从众心理是人类固有的社会心理现象。从众成交法是利用顾客的从众心理来促使顾客立即购买产品的一种成交技术，也就是通过一部分顾客去吸引另一部分顾客，增强成交说服力。在家具销售中，可以使用从众成交法说服顾客购买产品。我们常常听到“这款产品是我们这个月卖得较好的”，这就是运用了从众成交法。

1．优点

从心理学角度，顾客之间的相互影响和说服力要强于导购员，这使得从众成交法具有心理上的优势。从众成交法有利于吸引顾客、增强成交说服力，有利于促进成交。

2．分类

（1）顾客实景图

顾客喜欢产品，但怀疑自己的眼光，担心买到了质量不好、不时尚、不适合的家具产品，我们可以提供与其同一小区顾客的家庭装修实景图，例如可以这样说：“××，您的担心我了解，我们有一个顾客也是您小区的，和您家户型基本一样，我给您看一下他们家的装修实景图，您看这款家具摆放在他们家多大气啊!”

（2）顾客购买单据

如果顾客因为价格问题没有成交，有时不是因为家具价格贵，而是顾客怕自己买的比别人贵，这时我们可以提供已成交顾客的成交单据，促使其签单。例如可以这样说：“××，这是我们元旦三天活动价格，您别犹豫了，假期结束，就立刻恢复原价了，我给您看活动前一天的单据，都是没折扣的，您现在买正合适。”

3．缺点

从众成交法要针对顾客心理，切忌滥用，比如对于不喜欢随大流的顾客是不适用的，并且容易起到反作用。

4．注意事项

采用从众成交法推销产品时，长期可以发动广告攻势，利用名人宣传品牌，造成从众声势。寻找具有影响力的核心顾客，把推销重点放在说服核心顾客上，争取到核心顾客后，利用他们的影响与声望带动和号召具有从众心理的顾客购买。

二、证据成交法

证据成交法是指在顾客产生怀疑时，家具导购员可以拿出相关证明来打消顾客的疑虑，例如顾客担心产品的质量等问题时，家具导购员可以拿出有关公司实力或者质量认证的证明，借助这些证据说服顾客。

1．分类

（1）企业资质证书

如中国环境标志产品认证、CQC质量环保产品认证等证明，将资质证明展示给顾客，是企业实力和口碑的象征，帮助顾客打消顾虑。例如：“您看，我们品牌获得了中国环境标志产品认证证书。”

（2）相关检验报告

如国家家具产品质量监督检验中心、国家木材与木制品性能质量监督检验中心等部门出具的产品检验报告，可以将这些检验报告展示给顾客，让顾客知道我们的产品所用材料及产品性能都是检验合格的，让顾客买得放心。例如:“家具表面用的是三聚氰胺浸渍胶膜纸饰面刨花板，给您看一下国家人造板与木竹制品质量监督检验中心甲醛释放量的检验报告，甲醛释放量是0.03mg/m^3，是完全符合国家标准的。”

2. 注意事项

（1）让顾客“眼见为实”

口说无凭，证据要拿到顾客面前，给顾客指出检测部门公章及检测含量，让顾客放心购买。

（2）证据真实

我们提供给顾客的证据一定是真实可靠的，弄虚作假违背职业道德，也可能被顾客当场识破，取得适得其反的效果。

案例展示：证据成交法促进顾客成交

导购员：甲醛有强烈的刺激性气味，日常生活中很多东西都含有甲醛，但一般都不会打破人的正常生理平衡，我们也感觉不到，但是如果一个空间甲醛含量过高，就会感受到这种刺激性气味，对身体有伤害。

顾客男：我们现在是给孩子布置房间，很注重环保。

导购员：我们的产品都是严格遵照国家标准来做，是非常环保的。

顾客男：现在我们对环保很注重。

导购员：是，现在环保问题是人们比较关心的问题，我们的家具非常环保，家具中甲醛主要来源于板材的胶黏剂中，而且游离甲醛量主要是在封边上。如果做工不到位，使用一段时间封边破损或者开裂，甲醛可能会再次释放。

顾客女：对，我还真看见过那种家具，你看那天咱们逛那边的时候有个展场有些家具边都开了。

顾客男：都开胶了。

导购员：我们的家具采用的都是直接封边，四面封边，非常环保。

顾客男：噢，还不错。

导购员：我们严格遵照国家标准，您看一下，我们是有检验报告的。（提供相关检验报告，打消顾客顾虑，促使成交）

顾客男：我觉得行，你觉得呢？要不先订这一套吧？

拓展训练

运用所学方法编写导购语，进行情景模拟演练。

选择某一家具品牌，收集带有本品牌产品的顾客家庭实景效果图、明星代言；收集该公司板材、工艺、环保等证明材料，设置情景，编写导购语。

情境七

追踪顾客

学习目标

通过本情境的学习，模拟店面实际接待顾客情景，使学生了解意向顾客追踪方法，能够辨别顾客的意向程度，自然、顺利获取顾客的联系方法，完成意向顾客追踪。并且掌握顾客成交过程中的绝对成交方法，连带销售法，促进成交。在完成任务的过程中培养学生竞争意识、团队合作意识、快速应变能力、自我学习意识、团队组织与沟通协调能力，在实操演练过程中培养学生爱岗敬业、勇于承担、持之以恒的职业精神。

任务一　追踪顾客

我的客户你别跑

“滴水石穿，绳锯木断”，持之以恒精神自古以来就被推崇，理所应当被发扬光大。作为家具导购员，在追踪顾客的过程中，我们更应该具备持之以恒的职业精神。在工作中我们经常会碰到这样的问题：有些顾客似乎很想买我们的产品，但就是一直犹豫没有下单，怎么办？相信这种情景家具导购员应该是司空见惯，但也是最让导购员头痛的问题，那么针对这类问题我们如何更好地解决呢？有些顾客明明有购买意向，但导购员不知道怎么跟进，如果强行推销，基本上这个顾客就跑了。因为不知道正确追踪顾客的方法，结果导购员们流失了一批又一批准顾客。销售不追踪，终是一场空，这是每一个家具导购员都知道的基本销售常识，而追踪的前提是要设法留下顾客的联系方式。

一、获取顾客联系方式

在家具销售过程中，经常会有这样的情景，导购员追着顾客说：“先生，您留个电话号码吧，有优惠活动，我们会第一时间通知您。”然后顾客边走边说：“不用打电话通知了，我先回去考虑考虑，等考虑好，我会直接过来的。”导购员最终没能留下顾客的联系方式，只能垂头丧气地回到店面，这样的情景太常见了。顾客为什么不愿意留下联系方式呢？作为家具导购员，我们如何获取顾客的联系方式呢？一般情况下，顾客不愿意留下联系方式，是因为顾客对我们还不够信任，担心被打扰。

（一）顾客不留联系方式的原因

1. 怕被骚扰

顾客被一些公司骚扰怕了，害怕家具导购员也会一样进行电话或者短信骚扰，影响自己正常的生活。

2. 怕失去主动权

顾客会担心留下联系方式之后，随时都有可能接到家具导购员的推销电话，这样会打乱他们自己的决策节奏，从而失去主动权。

3. 怕泄露个人信息

联系方式是个人信息的一部分，顾客担心联系方式被泄露给其他人，这样会给自己的工作、生活带来不便。

4. 怕被电话打扰

担心在开会、休息或其他不方便的时间段接到家具导购员的电话，给自己造成不便。

5. 缺乏合理的理由

家具导购员在索要顾客联系方式时动作、时机和语言生硬，缺乏正当、合理的理由，所以顾客不愿意留下联系方式。

6. 不是真的意向顾客

有些顾客只是过来看看，而不是真正有购买意向的潜在顾客，也有可能是竞争对手的伪装调查人员，担心暴露自己的身份，所以不愿意留下联系方式。

（二）如何留下顾客的联系方式

1. 在刚坐下洽谈时索要

大多数人都有一种惰性，一旦坐下，如果没有急事，就不太愿意很快再起来。所以导购员在进行产品介绍之后，当顾客坐下时，就应该拿出记录本让顾客填写，记录本上一定要有一长串之前的顾客留下的电话号码，这些别人留下的电话号码，会给顾客两个心理暗示：一是利用从众心理，让顾客认为其他顾客都留下电话号码了，他也应该留下，不然不合适。二是一坐下来就要填写电话号码，给顾客一种感觉，这是一个流程。

2. 在顾客做出承诺时索要

有时顾客为了探知价格优惠信息，而向家具导购员做出购买承诺，家具导购员可以说："您真的今天就能定下来了吗？"顾客为了证明自己说话算数，就会很肯定回答。此时，家具导购员可以说："既然这样，那您留个联系方式吧。"顺利获取顾客的联系方式。

3. 在顾客询问优惠活动时索要

当顾客询问有没有价格优惠政策时，导购员可以说现在优惠比较少，可能过一段时间活动比较多，如果有一定马上通知对方，于是直接向顾客索要联系方式，包括微信和电话号码，以便及时联系顾客。

4. 在拉近关系时索要

和顾客聊天时，发现与顾客是同乡或者具有某种共同喜好时，直接对顾客说："原来我们还是老乡呀，老乡见老乡，需要多来往，互相留个电话，以后常联系。"或者发现有共同爱好，顺势邀请顾客一起参加，均可以名正言顺索要顾客的联系方式。

5. 再次交换名片时索要

顾客刚进店时，家具导购员一般已经把自己的名片递给了顾客，但是在展厅内走动的过程中，顾客很有可能把家具导购员的名片弄丢，如果家具导购员在顾客坐下时忘记了索要电话号码，那就及时再拿出一张自己的名片递给顾客。如果顾客已经有了家具导购员的名片，他会说不需要了，已经有了。家具导购员应该立马说："可是我还没有您电话号码呢，留一个吧。"即可顺势索要顾客的联系方式。

6. 告知顾客有中奖机会时索要

为顾客介绍完产品之后，告知顾客，店面正在搞一个来店有奖抽奖活动，抽奖依据是将填写有顾客的真实电话号码和姓名的小票放进抽奖箱去抽奖，于是拿出小票让顾客填写。

7. 领取礼品时索要

店面可以设置一些来店有礼活动，在顾客领取礼品时要求先填写一份信息登记表，填写完之后再发放礼品，这种方法也可以获得顾客的联系方式。

二、追踪顾客

（一）追踪原则

1. 选好潜在顾客

要想成功追踪顾客，首先需要选择潜在顾客，哪些顾客对产品感兴趣，哪些顾客有意向购买产品，只有选好了这些潜在顾客，才能做好追踪顾客的工作。

2. 选好合适的理由

要想成功追踪顾客，就得选择合适的理由和顾客联系，首先要让顾客不觉得诧异，而且理由合情合理，也能让顾客欣然接受。

3. 采用合适的方法

要想成功追踪顾客，还需要采取合适的追踪方法。追踪顾客的方式有很多，对待不同的顾客用不同的追踪方法，总之让顾客满意并签单就是最好的结果。

4. 掌握适度原则

要想成功追踪顾客，需要掌握适度原则，把握好追踪顾客的频率，不宜太过热情，也不宜不冷不热，只有适度跟进，才有成功的希望。

5. 要持之以恒

要想成功追踪顾客，必须具备持之以恒的品质，选定一个意向顾客，就要坚持下去，只要觉得这个顾客有意向，不要有畏难情绪，勤劳、坚持，一定会得到顾客的认可。

6. 不让顾客生厌

追踪过程需要注意一个技巧，那就是不能惹恼顾客，顾客一旦开始厌烦你，就算有购买产品的意愿，你也做不成这笔生意。

（二）追踪时间

追踪顾客时，要明确追踪时间。较好的时间段为上午9:30～10:30，此时邀约顾客下午到店，下午17:00～18:00，此时邀约顾客第二天到店，晚上20:00～21:00，这段时间以微信语音、文字沟通为主，关心问候顾客、咨询了解顾客的最新需求，并对品牌和商品进行价值塑造，最后邀约顾客若有时间近期到店。

(三)追踪方式

1. 电话

电话追踪时，要保持声音亲和，给顾客一种熟人间沟通的感觉，做到整个追踪过程是一次有温度、有价值的分享。

2. 微信语音

与顾客进行微信语音沟通时，声音要亲和，表达要明确，要做到有温度、有价值分享。

微信营销

3. 微信文字

通过微信文字追踪，要做到文字简洁、表达明确、重点内容突出，做到每一次追踪都是一次有价值的分享，避免引起顾客的反感。

4. 短信

短信追踪虽使用频率较低，但在编辑短信的过程中也要做到文字简洁、表达明确。

(四)追踪内容

1. 追踪要点

(1)利他

只有对顾客有价值，顾客才愿意持续关注我们的产品，同时也更愿意和我们交流。例如："王先生，下午好。上次您说您家正在装修，我这边有几个顾客装修的效果图挺不错的，我发给您参考一下，也是简欧风格的。"

(2)有关

追踪时，沟通的内容要和对方有关，对方才愿意和我们沟通。例如："王女士，下午好，您上次说比较喜欢高级灰，这几天新到一款高级灰的家具样式，不知道您喜不喜欢？您看什么时候方便可以来店里体验一下，很多顾客反馈都觉得很好看，时尚、大气。"

(3)立场

一开口讲话我们必须站在顾客的立场，沟通起来才会更加轻松自如。例如："好的，李女士。选家具是件大事，货比三家也不吃亏。您再多对比一下，同时我也让设计师再给您多设计两个方案，让您更全面地参考一下。"

(4)倾听

倾听顾客的诉求，找到顾客的核心抗拒点，给出解决方案，在倾听的过程中一定要点头、微笑、认可。例如："李先生，您的欣赏风格独到，是的，这款家具的颜色看起来是要成熟一点。"

2. 追踪前的准备

作为一名家具导购员，追踪顾客前要做好充分的准备，首先，心态上要做好充分准备，讲话要坚定、自信，注意语气、语速、语调，把顾客当成老朋友。其次，要了解对方现状，观察顾客近期朋友圈的动态，上一次与顾客沟通时的具体情况是什么，上一次沟通时，顾客的核心抗拒点、装修情况、入住时间等，设想追踪时顾客有可能出现的情况和抗拒点，提前预演并找到合理的解决方案，做好铺垫。最后，追踪结束一定要为下一次追踪或成交做好准备。

3. 追踪语言技巧

(1)活动邀约追踪

"王小姐，下午好！不知道现在您家具选到哪一步了？本月××号品牌周年庆活动，力度很大，如果您有时间可以过来逛逛，活动期间产品都会有折扣，您可以再过来多对比一下。"

(2)价格异议追踪

模板一："王小姐，下午好！关于最终价格的问题，我这里真的已经给您最低了，您也知道我们是靠业绩的，能做我一定给您做，况且您的单值又这么大。要不这样吧，您有时间来店面，直接跟我们老板谈，直接沟通，您再压压价格。不过现在给您的价格真的是我们店面的最低价格了。"

模板二："王小姐，下午好！我们品牌在价格上确实没有优势，不过我相信您也感受到了我们在品质和服务上的优势还是很突出的，您选的这一套家具性价比真的很高，您看什么时候方便，您到店里来，我重新给您做一个方案您参考一下。"

模板三："王小姐，下午好！这款家具的价格真的已经到极限了！您也知道现在生意都难做，要是价格合适，一定会和您签单的，要不这样吧，您再给我多推荐推荐顾客，我这边想办法把您看中的那款小家具产品赠送给您，我也是实在没有其他办法了!”

（3）产品异议追踪

“王小姐，下午好！估计您这段时间也在选购产品，确实市面上同类的产品比较多，很多产品摆在展厅好看，摆在家里却不一定，产品都是需要和空间来搭配的。您看您什么时间方便来店面，我给您做全屋定制设计方案，方便您参考对比。”

（4）搭配异议追踪

模板一：“王小姐，下午好！您看您什么时候有时间到店面，我们总公司的定制设计师最近几天在我们门店进行店面方案设计，到时我帮您约一下设计师，让他给您做一套全屋设计方案。”

模板二：“王小姐，晚上好！我仔细思考并研究了一下，因为您家里现在铺的是大理石的瓷砖，颜色相对偏浅一点，墙面刷的是白色环保乳胶漆，整个空间的基调颜色偏浅，所以我觉得这款深蓝色的家具放在您家里还是很有层次感的，款式也简单、时尚，是当下流行的现代简约风格。我这里有一些其他顾客的设计方案效果图，风格和您家的相似，整体效果都挺不错的。您什么时间方便到店面来，我们现场设计给您参考。”

（五）追踪顾客的方法

1. 回答顾客最关心的问题

顾客在购买家具产品的过程中会存在很多问题，顾客希望有人能回答他。如果你能成功回答，让顾客觉得你是专业的，你能带给他想要的答案，能够输出价值，那么他就会选择你。

2. 红包激活术

对于清单上的准顾客，趁热打铁，在跟进的时候，可以偶尔给他们发一个红包，红包不需要太大，红包名字可以写早上好、中午好、晚上好之类的问候话语，一旦对方点开了，就再次产生互动，你就可以开始追踪顾客。

（六）追踪再成交

如果顾客没有被成交，那我们就要开始进行系统性的追踪。顾客离开门店时一般都会说出相应的理由，理由一：“你们是第一家，还要再比较一下。”理由二：“我要回去再和家人商量一下。”如果顾客所说的是关于价格、款式、颜色、材质的问题，那说明家具导购员前面介绍的流程和成交流程的引导还不够扎实。如果顾客说的是理由一、理由二，那就要有针对性地引导顾客，为下一次的沟通和追踪做好相应的准备。

当顾客提出：“这是第一家，我还要再考虑一下。”家具导购员语言技巧：“好的，先生，买家具是件大事，对比购买是对的，刚才您说您更倾向于选购实木家具……那既然考虑选实木家具，如何选到好的实木家具，我有三个细节和您讲一下，也方便您参考对比……。”此时，引导顾客了解自己品牌的三个“价值点”，就算顾客离开门店，也会带着我们的购买标准进行对比。

发现确实不能成交时，要学会以退为进，通过以退为进的方式设身处地为顾客着想，顾客体验感会好，同时顾客对我们的防备心理也会降低，甚至顾客有可能会彻底打开心扉，愿意主动和我们沟通，表达出自己真正的想法，此时我们就有机会引导顾客，甚至重新获得成交的机会。就算最终没有引导顾客成交，也会加深顾客对我们品牌、产品和个人的印象及好感，在此过程中就有机会建立顾客购买标准，屏蔽竞争对手。

当顾客提出：“我要回去再和家人商量一下。”家具导购员语言技巧：“好的，先生，确实应该和家人商量一下，家具是一家人使用的，家人都喜欢，家庭氛围才好，既然您要回去给家人看，我会把您比较中意的那款产品图发给您，方便您和家人参考。同时，我也给您发几个其他顾客家刚刚装修好的场景图，您也可以参考一下。”

顾客说“回去和家人商量一下”有两种原因，一是顾客想找一个比较合适的理由离开，二是可能顾客真心想征求一下家人的想法。不管出于哪种想法，既然顾客想离开，这个时候我们不能继续“强攻”。因为此时越“进攻”，顾客的“防卫心”和“戒备心”就会越强，不利于我们引导顾客成交，最好的方式是“以退为进”，照顾到顾客的心理感受，给顾客留下一个比较好的“体验感”，同时通过这种利他的方式也能快速留下顾客的联系方式，方便后期追踪顾客。或者也有可能通过我们这种方式的引导，顾客“体验感”好，彻底打开心扉，又再次和我们进行现场深入沟通，此时我们就有机会再次引导顾客，甚至成交。

总之，当顾客离开门店时，我们一定要留下顾客的联系方式，同时，还要设身处地站在顾客的立场，为下一次追踪顾客做好充分的准备和铺垫。顾客追踪表见表7-1和表7-2。

表 7-1　　意向顾客追踪表（一）

<table>
<tr><th colspan="10">意向顾客追踪表</th></tr>
<tr><th>日期</th><th>姓名</th><th>联系方式</th><th>电话追踪1</th><th>电话追踪2</th><th>电话追踪3</th><th>拜访追踪1</th><th>拜访追踪2</th><th>拜访追踪3</th><th>备注</th></tr>
<tr><td></td><td></td><td></td><td></td><td></td><td></td><td></td><td></td><td></td><td></td></tr>
<tr><td></td><td></td><td></td><td></td><td></td><td></td><td></td><td></td><td></td><td></td></tr>
<tr><td></td><td></td><td></td><td></td><td></td><td></td><td></td><td></td><td></td><td></td></tr>
<tr><td></td><td></td><td></td><td></td><td></td><td></td><td></td><td></td><td></td><td></td></tr>
</table>

表 7-2　　意向顾客追踪表（二）

<table>
<tr><th colspan="7">意向顾客追踪表</th></tr>
<tr><td colspan="2">姓名：</td><td colspan="2">联系电话：</td><td colspan="3">家庭住址：</td></tr>
<tr><td colspan="7">户型结构：（　）2室2厅（　）3室2厅（　）4室2厅（　）复式（　）别墅（　）其他</td></tr>
<tr><th rowspan="2">首次到店时间</th><th rowspan="2">预计购买金额</th><th rowspan="2">预约上门设计</th><th colspan="4">首次上门（日期：　　）</th></tr>
<tr><th>装修进度</th><th>装修风格</th><th>房屋面积</th><th>主材品牌</th></tr>
<tr><td></td><td></td><td></td><td></td><td></td><td></td><td></td></tr>
<tr><td></td><td></td><td></td><td></td><td></td><td></td><td></td></tr>
<tr><td></td><td></td><td></td><td></td><td></td><td></td><td></td></tr>
<tr><td></td><td></td><td></td><td></td><td></td><td></td><td></td></tr>
<tr><td></td><td></td><td></td><td></td><td></td><td></td><td></td></tr>
<tr><td></td><td></td><td></td><td></td><td></td><td></td><td></td></tr>
<tr><td></td><td></td><td></td><td></td><td></td><td></td><td></td></tr>
<tr><td colspan="3">实际购买日期：</td><td colspan="4">实际购买金额：</td></tr>
</table>

案例展示：追踪购买意向不强烈的顾客

追踪购买意向
不强烈的客户

购买意向不强烈的顾客，分为两种类型：第一种是刚买了房子还没有开始装修，第二种是有些家具不确定是否需要更换而犹豫不决的顾客。那么应对第一种类型的顾客我们需要怎么做呢？

导购员：您好，欢迎进店看一下，店面正在进行抽奖活动，进来看一定不会让您失望的。

顾客：还有抽奖活动啊？

导购员：对，现在买××元就可以进行抽奖，奖品丰厚。

顾客：我不着急，我就随便看看。

导购员：那您家的房子现在拿到了吗？

顾客：还没呢，所以我也不着急。

导购员：那现在正好有时间可以多看看准备一下。

顾客：反正就只是看看了解一下，现在肯定是买不了。

导购员：那您可以留下联系方式，等我们店再有活动的时候通知您。

顾客：那我留下微信吧。

导购员：好，我加您一下。

顾客：行。

导购员：女士您贵姓？

顾客：免贵姓李。

导购员：那我给您添加备注。我叫郑××，您可以叫我××，以后您再来找我就行。

顾客：嗯，行。

导购员：欢迎下次光临。

例如刚刚接待的这位顾客，她的房子还没有拿到，很明显购买意向不强烈。但是装修早晚都是要置办家具的，所以对于这些顾客，要做好追踪。要在15min之后，给她发一条信息，加深一下她对品牌和导购员的印象。可以这样写："您好，我是××家具的小郑。很高兴刚才为您服务，希望您再次光临。"周末时也可送上问候："希望您和您的家人周末愉快，××家具小郑。"临近节日时送上祝福："××佳节即将来临，在这里祝您和您的家人身体健康，节日快乐！××家具小郑。"除此之外，要特别关注这样的顾客，加了微信之后，偶尔和她在微信里交流，在她过生日或者重要纪念日时及时送上祝福。

导购员：喂，您好，请问李女士吗？

顾客：嗯，你谁呀？

导购员：我是××家具的××。您现在忙吗？

顾客：还行，你说。

导购员：祝您生日快乐。

顾客：你怎么知道我今天过生日？

导购员：刚刚看朋友圈的时候，看见您今天过生日。而且您有那么多的朋友陪着，真是非常羡慕您啊。

顾客：哎呀，真是谢谢你啊。

导购员：很荣幸为您送上生日祝福！那就不打扰您了，祝您玩得开心。

顾客：嗯，好的，谢谢啊！

导购员：再见。

案例中的顾客只是进来看看，随便逛逛，这时导购员向顾客询问是否留下联系方式方便联系以及告知顾客店内活动优惠等福利。首先她在顾客离店后的15min后向顾客发送消息，加深顾客对品牌以及导购员的印象，在节假日为顾客送上祝福等，在顾客心中留下亲切、友好的印象，按时在朋友圈发活动信息、新品家具等，吸引顾客，随时观察顾客动态，从而关注顾客的需求。

需注意的问题：在追踪顾客的过程中一定要注意追踪原则和技巧。作为一名家具导购员，追踪顾客前要做好充分的准备，与顾客沟通时语气要坚定自信、亲和友好。同时，要不失时机地关心顾客现状，观察顾客近期朋友圈的动态、装修情况、入住时间等。追踪结束后一定要为下一次追踪做好准备。

拓展训练

自主设定角色，使用不同追踪技巧追踪不同意向程度的顾客，运用所学方法编写导购语，进行情景模拟演练。

任务二　绝对成交

销售中的绝对成交指在销售的过程中掌握顾客心理，充分运用销售技巧，保证绝对成交的一种销售方式。

与顾客的会谈相当于追求与互相选择的过程。有时与顾客谈了很长时间，仿佛顾客也有意向购置，就是不主动签单怎么办？绝对成交的语言技巧有一定的规律，整个过程的语言都要提前准备好，绝对成交并不是强迫顾客买你的产品，只是引起顾客的共鸣，让对方认同你说的话，进而购买商品。

一、追问成交法

很多顾客在购买之前往往会拖延。他们会说："我再考虑考虑""我再想想""我们商量商量""过几天再说吧"。优秀的导购员遇到顾客推脱时，会先赞同他们，例："买东西就应该像您这么慎重，要先考虑清楚。您对这款家具还是很有兴趣的吧，不然您也不会花时间去考虑，对吗？"此时顾客一般都会认可这个观点。导购员再追问一句："我只是出于好奇，想了解一下您要考虑的是什么，是我们公司的信誉度吗？"对方会说："哦，你的公司不错。"导购员说："那是这款家具的颜色您认为不合适？"对方会说："哦，不，颜色还挺好的。"在不断发问下，最后让顾客说出他所担心的问题。只要能解决顾客的疑惑，成交也就是很自然的事了。

二、心理暗示法

导购员本身的心态会在态度上表现出来，不好的态度是不良心态的表现，在销售过程中使用肯定性动作，避免否定性动作。优秀的导购员在接待顾客时常常表现出肯定性的身体语言，做出点头的动作就表示肯定的信息，而摇头即表示否定的信息。一般来说，不成熟的导购员往往会做出否定性动作。他们常有意或无意地左右摇动着进行商谈，在结束商谈阶段会直接要求对方说："请您买一些好吗?"这么一来，即使顾客有购买的想法，最后也会因为导购员的不坚定语气而无法成交。

三、拜师学艺法

在你费尽口舌、使出各种方法都无效、眼看这笔生意做不成时，不妨转移话题，不再向顾客推销，而是请教顾客自己在销售中存在的问题。"我很肯定这个产品能为您带来许多好处，可惜我的口才太差，没办法表达我真正的意思。真的很可惜，要是我能说得更清楚一点，您一定能认可这件产品。请您帮个忙，告诉我哪里做得不好，让我可以改进。"接着，顾客提出不满意的地方。你的回答："我真的没有提到这一点吗?"你诚恳地道歉，继续说明，解除顾客的疑虑，最后再次提出成交。

四、惜失成交法

惜失成交法利用了顾客"怕买不到"的心理，一旦顾客意识到购买这种产品是很难得的良机，那么他们会立即采取行动。

惜失成交法是抓住顾客"得之以喜，失之以苦"的心理，通过给顾客施加一定的压力，敦促对方及时做出购买决定。一般可以从以下几方面去做：限数量，类似"购买数量有限，欲购从速"；限时间，主要是在指定时间内享有优惠；限服务，主要是在指定的数量内享有更好的服务；限价格，主要针对即将涨价的商品。

总之，要仔细考虑消费对象、消费心理，再设置有效的惜失成交法。这种方法不能滥用、无中生有，否则最终会失去顾客。

五、特殊待遇法

有不少顾客总是要求特殊待遇，例如他个人独享的最低价格。你可以说："王先生，您是我们的资深顾客，这样吧……"突出顾客的独特性和特殊性，这个技巧最适合这种类型的顾客。合理、巧妙利用增值服务促单是销售绝对成交过程中常用的方法，顾客关注的可能不是那份礼物或服务的价值，而是认同感和被重视感。

六、真诚服务法

什么是好的服务? 好服务=90%的真诚态度+5%的知识+5%的修养。真诚是家具导购员所必备的素质，也是做人的基本素养。发自内心真诚对待顾客，顾客会同样报以真诚。

七、欲擒故纵法

有些顾客优柔寡断，他们虽然对产品有兴趣，但总是拖拖拉拉，迟迟不做决定。此时，家具导购员做出要离开或者要放弃这笔交易的样子。这种举动，也可能促使顾客下决心购买。

八、交朋友法

怀着交朋友的心态和顾客交流工作、生活以及对事物的看法，尽可能找到和顾客之间的共同点。你的工作态度、学识、气质等，都有可能赢得顾客的赞誉，从而顾客会从内心接受你，把你当成朋友，作为你的朋友支持你的工作是自然而然的事。

促成顾客主动签单的技巧远不止上述这些，不论使用哪一种技巧，都要做到恰到好处，要让顾客感觉到这是你的工作方式，而不是阴谋诡计，从而拉近彼此的距离，在友好的氛围中沟通有关成交细节，只要双方都有了成交的想法，再因势利导，自然水到渠成，最终签单。

案例展示：金牌导购员分享如何绝对成交

金牌销售分享经验

首先要让顾客了解我们的品牌，可以给顾客讲品牌历史和市场占有率，告诉顾客哪些小区的装修设计是我们做的，设计完成后，顾客的反响如何，给顾客展示其他顾客家中的效果图和实拍场景图。另外，利用活动优惠，建议顾客及时订购，例如："活动是最后一天了，您要占一个名额，明天就没有了。"或者："我们也可以单独给您留出一个名额，请您抓住这次机会，及时订购。"可以告诉顾客现在物价上涨，现在订购就等于未来的增值。在这个过程中，会有很多顾客担心交款后，若公司还未下单生产是否可以退款？如果出现这种情况，可以告知顾客在未下单前可以全款返回。要注意团队合作，价格谈不妥时，可以找店长请示一下，若店长不在店面，可以找其他同事过来帮忙，促成签单。

金牌导购员通过树立品牌形象和荣誉加深顾客对品牌信誉度的认可，通过已服务顾客的设计案例展示品牌实力。利用限时间、限价格等方式因势利导，结合团队合作等方式进行绝对成交，消除顾客疑虑，以最快的速度，在友好的氛围中沟通有关成交细节，最终签单。

拓展训练

自选顾客类型，运用所学绝对成交方法编写导购语，进行情景模拟演练。

情境八

维护顾客关系

学习目标

通过本情境的学习，模拟店面实际接待顾客情景，让学生了解维护顾客关系的重要性。掌握顾客回访的时机及注意事项。能够按照订单完成时间节点合理安排回访顾客。同时，在维护顾客关系的过程中，要学会处理顾客投诉，了解顾客投诉类型、顾客投诉处理方法、顾客投诉处理禁忌。通过情景模拟练习，培养学生诚信为本、以诚待人、以信做事的责任意识以及踏实肯干的劳动精神和精益求精的工匠精神。

任务一　顾客回访

让你的顾客帮你卖家具

诚信是中华民族的传统美德。“人而无信，不知其可也”，一丝一毫关乎气节，一件小事、一次不经意的失信，可能会毁了我们苦心经营的声誉。在回访顾客的过程中，家具导购员更应该秉持诚信待人的原则。

顾客回访是门店进行产品或服务满意度调查、顾客消费行为调查、进行顾客维系的常用方法。回访过程中导购员常常会与顾客进行比较多的互动沟通，能够帮助门店完善顾客数据库，同时为进一步的交叉销售做好准备。做好顾客回访是提升顾客满意度的重要方法。

销售是一个连续的活动过程，只有起点，没有终点。成交并非销售活动的结束，而是下次销售活动的开始。成交之后，导购员关心顾客，向顾客提供良好的服务，既能够维护老顾客资源，又能够吸引新顾客。你的服务令顾客满意，顾客就会再次光临，并且会给你推荐新的顾客。成交之后，继续不断关心顾客，了解顾客对产品的满意程度，虚心听取顾客的意见以及对产品和推销过程中存在的问题，采取积极的弥补措施，防止顾客流失。导购员只有与顾客保持密切的关系，才可以战胜竞争对手。

一、顾客回访内容

顾客回访

顾客回访主要包括以下内容：

①质量：询问顾客家具使用质量如何，包括安装过程中是否存在问题。

②体验：询问顾客使用过程中家具方便与否。

③服务：询问顾客对家具导购员的服务态度是否满意，包括对安装人员的服务态度是否满意。

④保养：为顾客提供一些家具养护知识。

⑤建议：让顾客给出建议或意见。

二、顾客回访技巧

作为一名家具导购员，每天都在做重复的工作，容易产生心理疲劳，缺乏兴奋点也是在所难免的。精神上不亢奋，工作上就会懒散，表情上就会显得淡漠。这种情况下，笑从何谈起？门店不可能为了员工兴奋，而频繁更换员工的工作岗位，如果每个岗位上都是生手操作，必然造成工作质量的下降。所以每一位导购员都应调整好心态，高高兴兴对待每一天的工作。就算是与一位素未谋面的顾客打电话，通过声音就可以判断对方此时此刻的心情。如果我们说话时没有微笑，听筒另一边的顾客即使没有看见，也可能感觉得到。因此，家具导购员在回访过程中必须要面带微笑说话。

1. 语言技巧规范服务

语言技巧规范服务是家具导购员在售后回访过程中所应达到的要求和质量标准，能体现一个品牌的服务品质。在电话回访过程中，家具导购员可使用的语言技巧如下：

您好，我是××家居的售后客服，请问您是××先生/小姐吗？您在××（时间）在我们商场购买了××（商品），我将针对这次情况做个回访。请问您现在方便吗？

A：方便。

好的，耽搁您2min时间。

B：不方便。

好的，那请问什么时候适合打给您呢？（记下时间）不好意思打扰了，谢谢您，祝您愉快，再见。

您对我们商品的质量是否满意？安装时是否有问题？在商品使用过程中是否存在问题？对于我们的服务（包括购买时导购员的态度，送货速度）有何建议？

谢谢您的合作及您所提出的宝贵意见，祝您愉快。

2. 因人而异、对症下药

（1）对冲动型顾客莫“冲动”

在回访过程中，常常会碰到性急而暴躁的顾客，一时性急而说出气话，这时我们只当未听见，仍以温和友好的态度和他谈。只要他能够平静下来，这类顾客往往很果断。所以回访过程中对这类顾客必须做到用温和的语气沟通。

（2）让寡断型顾客“果断”地下决心

这类顾客表现优柔寡断、三心二意，常常容易受人左右而又拿不定主意。特别是新单回访中常常会出现此类顾客，顾客购买家具后又反悔，害怕受导购员欺骗，买了之后又想退，此时导购员必须用坚定和自信的语气消除顾客忧虑，耐心地引导其购买此产品是正确的。

（3）对满足型顾客“欲望”送一个巧妙台阶

对这类顾客要用夸赞性语言满足其自尊心理。顾客的抱怨其实并不是什么大的问题，只不过是他原来就有不满情绪，正好借题发挥。他发泄目的主要是找机会倾吐一番。对这样的顾客，也不可失礼。不妨请他把话讲完，同样征求他对如何解决问题所持有的意见，满足他的讲话欲望，使他的自尊心不受伤害，这样不需要采取更多的措施，也能把问题解决。

在顾客回访中，有效利用提问技巧也是必要的。通过提问，我们可以尽快找到顾客想要的答案，了解顾客的真正需求和想法，还可以厘清自己的思路，通过提问，也可以让愤怒的顾客逐渐变得理智。

家具导购员努力让每一位顾客满意非常困难。在成功背后，是巨大的代价和艰辛。需要创新、学习、发展、克己、忍耐、执着，需要付出成倍的努力才能取得成功，也只有这样才能将顾客回访工作做得更好。

三、顾客回访要点

客户档案管理

1. 注重顾客分类

在回访顾客之前，要

对顾客进行分类，对不同类别的顾客采用不同的服务策略。

可以按照顾客的来源分类，顾客的来源包括自主开发、广告宣传、老顾客推荐等；也可将顾客按其属性划分类型，如合作伙伴、供应商、直接顾客等；还可以按顾客的地域进行分类，如国外、国内，再按省份分类，例如山东、北京、上海等；也可以按顾客关系进行管理，如公司的顾客、某个家具导购员的顾客等。

顾客回访前，一定要对顾客做出详细的分类，并针对分类使用不同的服务方法，提高服务效率。

2. 明确顾客需求

确定顾客类别后，明确顾客需求才能更好地满足顾客。最好在顾客需要找你之前进行顾客回访，更能体现顾客关怀，让顾客感动。

回访的目的是了解顾客产品使用情况。回访的意义是要体现我们的服务，维护好老顾客，了解顾客想什么、需要什么。通过回访顾客来提高我们家具产品的品质，这样才会发展得越来越好。顾客在使用产品遇到问题时、产品有故障或需要维修时、打算再次购买时是顾客回访的较好时机。如果能掌握这些，及时联系需要帮助的顾客，提供相应的支持，将大大提升顾客满意度。

3. 确定回访方式

顾客回访有电话回访、电子邮件回访及当面回访等不同形式。从实际售后效果来看，电话回访结合当面回访是最有效的方式。

4. 抓住回访机会

回访过程中要了解顾客在使用家具产品时不满意的地方，找出问题并听取建议，有效处理顾客回访资料，从中改进工作方式、产品、服务。通过顾客回访不仅解决问题，还可以改善公司形象和加深与顾客的关系。在产品同质化程度严重的情况下，顾客从当初购买前担心质量、价位，转向对产品使用中的服务的担心，所以成交后定期的回访十分重要。定期回访的时间要合理，如以成交后一周、一个月、三个月、六个月……进行电话回访，或者在提供售后服务之后回访以及节日回访。

四、老顾客回访重要性

老客户维护管理

最好的顾客回访是通过提供超出顾客期望的服务来提高顾客对企业或产品的美誉度和忠诚度，从而创造新的销售可能。顾客关怀是持之以恒的，销售也是持之以恒的，借助老顾客的口碑来提升新的销售增长，这是顾客开发成本最低也是最有效的方式。

1. 能够带来销量

与普通的消费品行业不同，大部分顾客对家具行业了解有限，所以往往有装修经验的顾客会成为装修新手中的“资深专家”，对他们的朋友、亲属购买何种品类和品牌的家具有较大的影响。一般而言，由老顾客带进店面的新顾客其成交率是直接进店顾客的10倍，因此，只要维护好老顾客，就能带来稳定的源源不断的销量。

2. 能够带来口碑

老顾客的评价是品牌在某地区口碑的基础，1个满意的顾客可能带来8笔潜在的交易，其中至少有1笔成交；1个不满意的顾客可能会影响25个人的购买意向。所以我们更要注意对口碑的建设，做好老顾客维护，做出好口碑，能够为品牌和销售带来利好。

3. 老顾客成本更低

已经与老顾客有了信任基础，所以维护成本比较低，源源不断良性循环下去，最终就是做老顾客销售。

五、老顾客回访原则

首先根据老顾客在不同时期表现的特征，将其分为两种：一种是“蜜月期”老顾客，另一种是平淡期老顾客。

“蜜月期”老顾客指的是装修入住半年之内的顾客，这个时期是顾客兴奋感、幸福感、成就感最高期，专家欲最强，介绍感最旺，介绍范围最广，无论亲朋好友还是同事、邻居，他都愿意给你介绍。

平淡期老顾客指的是装修入住半年以上的顾客，就像婚姻一样，经过了新鲜期之后，双方关系慢慢归于平淡，如果不是产品出现问题，顾客一般不会主动联系我们。

1.“蜜月期”老顾客回访原则

回访指导原则：密切互动，加强互信，提高满意度。

①首先树立意识，老顾客回访的最佳时间介入点就是成交后即刻开始。

②将顾客所购产品从备货、发货、出货、装车、出发的全过程，展现给顾客。

③带着全屋定制家具设计方案去送货，不管顾客有没有做“私人定制”，这是我们的特色服务，让顾客享受尊贵的待遇，这个时候我们的服务已经超越顾客的预期，与顾客完全成为朋友。

④把自己的联系方式留给顾客，给出承诺。“××，这是我的联系方式，这样您任何时间有问题，我都会第一时间帮您解决，同时我们还有一个《保养小手册》要送给您，现在这么乱，怕丢，我会在您装好后第一时间给您送来，您到时通知我。”这样的顾客是成为我们真正有价值的老顾客，成交后才意味着售后服务真正的开始。

⑤安装后的第一次回访，查漏补缺；在合适的时间节点可以为顾客免费清洁，做保养，并送上《保养小手册》；问清楚顾客乔迁新居之日，为下次拜访做准备，同时可以询问顾客有没有朋友装修，期望顾客转介绍其他顾客。

⑥乔迁日回访，带上鲜花或者蛋糕或者应节礼品；不吝啬地大加赞扬，这时提出转介绍是最佳时机。

⑦乔迁之后1个月电话回访，如果顾客已经帮你转介绍了，此时是转介绍的第二次时机，如果顾客尚无转介绍，这是最佳时机，询问顾客最近有没有需要帮助的地方，门店正在举办××活动，展出您的“美家”图，便赠送一套纪念礼品，转介绍顾客，另赠感恩回馈。

⑧老顾客会员卡发放，在“蜜月期”老顾客即将转成平淡期老顾客之际，召集一批优秀的“蜜月期”老顾客发放会员卡，奖励优秀的老顾客，并再次强调老顾客政策，希望他们更多转介绍。

2. 平淡期老顾客回访原则

回访指导原则：感情维系，时而送上小惊喜。

建立老顾客档案，并对老顾客进行分类，在老顾客档案中要标示出哪些是重点老顾客，哪些是非重点。

家具行业的消费频次较低，只有充分、高频次与顾客沟通才能维系与老顾客的关系，但同时要注意电话回访不能让顾客觉得是一种骚扰，要做到既能维系感情又能解决问题。逢年过节、生日等短信问候，休现对老顾客的尊重。

以上是两类老顾客维护的方法和原则，老顾客回访维护不只需要技巧，还需要努力、真诚、勇敢和直接。

顾客回访计划表见表8-1，顾客回访记录表见表8-2和表8-3，老顾客转介绍登记表见表8-4和表8-5。

表 8-1　　顾客回访计划表

顾客回访计划表				
顾客回访人员		回访地点		
回访方式	□电话	□邮件	□面谈	□其他
拟回访日期				
拟回访对象				
回访目的				

表 8-2　　顾客回访记录表（一）

顾客回访记录表					
顾客名称		地址		邮编	
被访人		电话		微信	
职务		邮箱		类别	
回访方式	□首次电话回访	□常规电话回访	□现场回访	□其他	
回访时间					
回访内容	□家具质量	□服务态度	□家具使用问题	□其他需求	
顾客回访内容记录	1. 整体效果及用户体验 （1）请您对品牌家具质量进行评价： A. 很不错　B. 还可以　C. 一般　D. 不怎么样 （2）请您对品牌家具使用感受进行评价： A. 很好　B. 一般　C. 不够完善 （3）您对品牌家具的整体体验： A. 好　B. 一般　C. 较差 2. 品牌店面服务响应及评价 （1）请您对门店的导购员的服务态度评价： A. 很好，热情、周到、耐心　B. 较好，比较耐心　C. 差，态度恶劣 （2）请您对品牌店面的回访服务的响应速度满意度评价： A. 满意　B. 较满意　C. 不满意 （3）请您对服务人员服务承诺方面的实现情况评价： A. 很好，都实现了　B. 较好，尽力为之　C. 差，基本实现不了 （4）回访过程中是否存在敷衍了事的现象： A. 有　B. 没有 （5）您对于我们服务的整体满意度： A. 满意　B. 较满意　C. 不满意 3. 意见和建议（您认为我公司在产品、服务哪些方面需改进或者有什么要求，请提出您的宝贵意见）：				
处理方式及结果	电话或现场答复记录：				

表 8-3　　顾客回访记录表（二）

顾客回访记录表					
被访顾客姓名			回访人		
服务满意度	□好	□较好	□一般	□差	□很差
产品满意度	□好	□较好	□一般	□差	□很差
访问记录	日期	访问问题	顾客意见和要求	对策与建议	回访要点
顾客签字					

表 8-4　　老顾客转介绍登记表（一）

老顾客转介绍登记表							
老顾客姓名	编号	初次购买时间	转介绍顾客姓名	小区名称	订单制	购买时间	赠送礼品明细

表 8-5　　老顾客转介绍登记表（二）

老顾客转介绍登记表		
记录人	记录时间	编号
顾客情况	顾客名称	顾客编号
	顾客地址	
	联系人	联系电话
	其他内容	
投诉方式	一、电话　二、信件　三、Email　四、来访　五、其他	
投诉内容	一、品质（故障）　二、品质（损坏）　三、品质（其他____）　四、数量 五、货期　六、态度　七、服务　八、其他	
	详细内容	
顾客要求	一、更换　二、修理　三、退货（数量:____ 金额:____） 四、赔款____元　五、折价____% ____元　六、赔礼道歉　七、其他	
	备注	
紧急度	一、紧急　二、急　三、普通	
顾客中心意见		
营销中心意见		

案例展示：使用电话回访与上门回访方式进行顾客回访

导购员：您好王总，我是××家具的小张，请问您现在忙不忙呀？

顾客：还行，在家呢。

导购员：您这么忙，还能抽空陪伴家人，真好。

顾客：周末家里事情比较多，走不开。

导购员：是这样的，快到中秋节了，我们公司专门为VIP顾客定制了月饼，我第一个想到的就是您，您和您的家人都喜欢××口味的是吧，我记着呢。

顾客：谢谢你还记着啊。

导购员：我特意给您定的这个口味的，您看您什么时候方便，我给您送过去。（节假日时，带上礼品亲自上门回访）

顾客：哎呀，那谢谢了，不过不用了，那多麻烦啊。

导购员：不麻烦，正好给您送一套家具保养油，顺便给您的家具做一次保养。

顾客：那真是麻烦你了，我今天一天都在家，你来吧。

导购员：嗯，好的，我大约下午两点到您家，您看方便吗？（上门回访前电话邀约时间）

顾客：嗯，好的。

导购员：好的，下午见。

顾客：哎呀，来了小张，真是麻烦你了，快，屋里请。

导购员：王总，您家看起来比照片还漂亮。（称赞顾客家里漂亮，拉近与顾客的距离）

顾客：谢谢。

导购员：王总，这是我们公司特意为您定制的月饼。

顾客：哎哟，谢谢啊。

导购员：我们知道您和您的家人都喜欢吃。

顾客：谢谢，来，喝杯茶吧。

导购员：谢谢。

顾客：你们最近忙吗？忙还来这就太耽误时间了。

导购员：怎么会是耽误时间呢，顺便做一下市场调研。

顾客：你可真用心啊！

导购员：那我们先去给家具做保养吧。（上门回访的过程中为顾客家中家具进行保养）

顾客：行，我带你去看看。

导购员：家具用着还满意吗？

顾客：挺好的。过来歇一歇吧，我们平时就用抹布擦一擦。

导购员：我觉得是这样的，王总，都说人养木，木养人，红木家具也是需要保养的，定期我就给您的家具做一些保养吧。

顾客：那不用，多麻烦啊，耽误你工作。

导购员：我现在就是在工作呀，以后您的朋友要买家具您推荐他来找我就行。（期望老顾客转介绍其他顾客，实现再次成交）

顾客：你这么一说，我还真有个朋友，他家刚买了房子要装修，我一会儿带你去看看。

导购员：真的呀，那太谢谢您了。

案例中的导购员将顾客喜欢的口味的月饼礼盒带去了顾客家里，这一举动赢得了顾客的好感，同时家具导购员细心为顾客进行家具护理，这也促进了顾客与导购员之间的亲密度，在恰当时机引导顾客介绍其他准顾客进店购买家具。

家具导购员在上门回访时一定要提前与顾客联系好，并定下准确的时间，避免休息日或节假日的第一天上门拜访，第二天或第三天为宜。回访时带一些小礼品前往，可增加顾客的好感，切记一定要了解顾客的喜好，带合适的礼品前往，否则会适得其反。

拓展训练

自选顾客回访时间节点，选择合适的回访方式，运用所学内容编写导购语，进行情景模拟演练。

1. 成交当日的顾客回访；
2. 节假日顾客回访；
3. 成交后半年的顾客回访。

任务二 处理投诉

客户投诉处理

服务就是麻烦自己，方便顾客。只有超出对方的期望才能带来惊喜，设身处地为顾客着想，考虑顾客的感受，顾客的痛点就是我们的痛点。正确处理顾客投诉，解答顾客的问题。同时，整理顾客对产品质量的意见，并根据情况及时改进，始终遵守诚信的原则。

一、处理投诉的服务要点

即使是最完善的服务也难免有疏漏和不周之处，最细心的家居销售也有需要完善的地方，导购员应以平和的心态对待顾客投诉，不可有烦躁情绪。家具导购员在处理投诉时需要注意以下服务要点。

1. 耐心聆听

对顾客所说的话要从头到尾耐心地听。一般人如果听到顾客不断重复话题，不免都想阻止对方，于是就说“我知道了”，不想让对方再说下去。但是请你一定把这些反复的话当作重要的环节耐心地听完。顾客购买了产品之后，在使用过程中出现了问题，导致产品不能正常使用，顾客可能会通过各种渠道（电话、邮件、信访等）诉说对产品的不满，无论通过哪种渠道投诉，都不要争辩，要耐心倾听，将问题点梳理出来，在适当时机表达自己的观点。

2. 不与争辩

顾客一般是遇到了麻烦、不顺之后才来投诉的，往往心里是有气的，难免会表现在言语、行为之中。对待怒气冲冲的顾客，导购员首要的做法就是理解、克制，应该心平气和地听顾客把自己的遭遇讲完，对顾客表示歉意。如果顾客情绪很激动，导购员就更应该注意礼貌，绝不能与顾客发生争执，一旦争执，就会给顾客留下糟糕的印象，进而影响顾客对品牌店面的印象，或许下次就再也不会光临。因此，家具导购员一定要努力克制自己，设法平息顾客的怒气，必要时向上级领导寻求帮助，解决问题。

3. 弄清事实

在处理顾客投诉时，首先要表明自己的身份，使对方产生信任感，愿意相信你能把问题处理好。在顾客指名要上级领导接待时，店长应亲自出面进行处理。不管顾客态度如何，都要用冷静、倾听、了解的态度去处理顾客投诉。迅速通过有关渠道，了解顾客投诉事件的来龙去脉，做到心中有数。

4. 勇于认错

千万不要和顾客发脾气，要学会控制情绪，做一个高情商的家具导购员。顾客可能很生气，但是你一定要耐心接受，不要做过分的辩解。尊重顾客是一个专业的家具导购员必须具备的素质，许多人在顾客尚未表露不满时，就很焦急地想找借口应付，如果你一再辩解，顾客会情绪性地产生反感。他的不满一旦严重表现出来，就可能影响更多的顾客。

5. 听出真意

在与顾客谈话的过程中或者是了解、商讨对策的过程中，要注意去听，听出顾客真正的用意，看他们有什么不满或者抱怨。如果你遇到的顾客表达可能不是特别好，你一定要有耐心，让顾客把他的问题说出来，听出真意，说出不便说或不敢说的话才是重要的。

6. 引导顾客出对策

如果问题实在没有办法解决，也可以让顾客参与。如果是产品质量问题引起的不满，首先要诚恳地向顾客表示歉意，并表示会在约定期间尽快把问题处理好。如果是人为原因造成了产品不能正常使用的情况，要肯定顾客对产品的认可，感谢顾客的支持，说明原因，表示出现这类问题不在保修范围，再提供其他的解决方案。

7. 恰当处理

如果问题明显属于服务工作中的过错，应马上道歉，在征得顾客同意后，做出补偿处理。对一些复杂问题，比如产品质量等，在真相不明之前切忌急于表态和当面贬低产品。对于不合理的投诉，要做到有礼、有理、有节，讲清道理，说服顾客，不失顾客面子，做出恰当的处理。对一时处理不了的投诉，要让顾客知道事情的进展。

二、正确处理顾客投诉的原则

1. 正确的服务理念

需要不断提高全体员工的素质和业务能力，树立全心全意为顾客服务的意识。负责处理投诉问题的人员，面对愤怒的顾客时一定要注意克制自己，避免感情用事，始终牢记自己代表的是公司的整体形象。

2. 有章可循

要有专门的制度和人员来管理顾客投诉问题，各种情况的处理均要有章可循，保持服务的统一、规范。另外，要做好预防工作，使顾客投诉防患于未然。

3. 及时处理

处理抱怨时切记不要拖延时间或推卸责任，各部门应通力合作，迅速做出反应，向顾客清楚地说明事情的前因后果，并力争在最短时间里解决问题，给顾客一个圆满的结果。否则会进一步激怒投诉者，使事情复杂化。

4. 分清责任

不仅要分清造成顾客投诉的责任部门和责任人，还要明确处理投诉的各部门、各类人员的具体责任与权限，以及顾客投诉得不到及时圆满解决的责任所在。

5. 留档分析

对每一起顾客投诉及其处理要做好详细的记录，包括投诉内容、处理过程、处理结果、顾客满意度等。通过记录，吸取教训，总结经验，为以后更好地处理顾客投诉提供参考。

三、接待投诉的礼仪

1. 接待顾客电话投诉的礼仪

接待电话投诉时要从头到尾听取投诉，不要频繁打断顾客的话。适当地做一些礼貌提问，确认对投诉内容的理解到位。重要的是要确保顾客知道他们的投诉会得到妥善处理，要尽最大努力确保顾客对投诉结果满意。

2. 面对面接待顾客投诉的礼仪

①面对面接待顾客投诉时，要保持眼神交流，并做记录。

②认真倾听顾客的话，总结顾客投诉信息，提出有意义的解决方案。

③保持令人愉快的表情，注意不要摆出屈尊俯就的态度或让人觉得虚假的笑容。

④向顾客承诺投诉会得到认真对待，并且告知对方解决问题的大概方向和截止时间。

处理投诉过程中，我们要做到认真倾听，表明我们的关注，并且向顾客呈现出负责任的态度。保持冷静、自信，记录顾客投诉信息。不要打断顾客，让他发泄愤怒或不满的情绪，并且表示认同。收集信息和调查准确数据，以便确认问题所在。强调共同利益，并且承诺一定解决问题。

激励顾客参与商量解决方案，确认解决方案和兑现承诺，并将信息及时反馈给顾客。一定要不慌不忙，冷静对待，巧妙化解。

四、投诉禁忌

客户投诉处理禁忌

1. 不把投诉当回事

导购员在处理投诉的过程中，不把投诉当回事或是不把投诉原因当回事，导致投诉升级，没有正确对待投诉事件的态度，对顾客不尊重，最终吃亏的还是自己。

2. 处理时态度不诚恳

投诉处理人在处理投诉事件时态度不诚恳，没有从消费者的角度想问题。推卸责任或处理投诉时不情愿，都是态度不诚恳的表现。

3. 轻易给出承诺

处理顾客投诉时，不能够轻易向顾客承诺什么。一旦承诺必须要兑现，承诺的限度也必须要符合投诉事件本身。

五、顾客投诉类型

顾客投诉一般包括两种情况：第一种是对家具产品质量的投诉，第二种是对服务人员态度的投诉。

1. 顾客对家具产品质量的投诉

顾客对产品质量的投诉主要有以下几个方面：

（1）开裂

第一种情况是木材自身开裂。主要是生产厂家的木材干燥质量不高或者干燥后陈化时间不够就用于生产，导致拼板（指接）处开裂。出现这种情况的主要原因：一是木材没有干燥好，含水率相差较大；二是生产加工工艺有问题；三是与胶黏剂的质量有关。结构处开裂是指在一个部件的结合处（比如开门的帽头和门边结合处）开裂的现象。第二种情况是薄木（复合处）开裂。当两种或两种以上不同材质或不同状态下的材料结合在一起，外界环境发生变化时，它们的变化程度不尽相同，就很容易产生裂缝、凹凸不平等现象，从而使上下表面压贴的薄木产生裂纹。

（2）弯曲变形

开门弯曲变形，水平板件弯曲变形，直立板件弯曲变形。

（3）磕碰划伤

不少家具在使用一段时间后，如迎着光线仔细看，就会发现一些不明显的痕迹。主要是因为漆膜及木材的硬度有限，一旦遇到尖锐的物体，表面很容易被划伤。若在短时间内发现有许多划痕，很有可能是漆膜的硬度达不到基本要求，家具在拆装或搬运时受到磕碰，产生塌陷或凹陷等现象，因此在搬运家具时需要格外小心。

（4）松动或脱落

榫卯结构的松动脱落主要原因如下：一是生产厂家的加工工艺不够严谨或不科学。二是顾客使用不当。由于经常使用，来回搬动或人体坐在上面晃动，时间久了极易发生结构松动或部件脱落现象。拆装结构的松动，拆装家具如果经常搬动，容易出现松动现象，主要原因是结构设计的不合理或者不科学。

（5）虫蛀、变色

出现虫蛀、变色的主要原因是木材的干燥质量不高。当温度、湿度、空气和养料达到菌、虫的寄生所需要的条件时，这些生物就会复活繁殖，出现虫蛀和变色的现象。一般情况下，这两种现象发生的概率较小。

（6）甲醛含量超标

市场上人造板价格相差较大，不少生产厂家往往因追求利润而忽略家具质量，致使家具存在甲醛超标问题，消费者购买使用较长时间后仍继续散发甲醛。

2. 顾客对服务的投诉

顾客对服务的投诉主要集中在以下几个方面：

（1）导购员缺乏服务意识和对工作的责任感

不守承诺，对服务工作不能够认真负责；工作中没有服务意识；工作中马马虎虎或耍小聪明，不按工作程序办事，造成工作失误，引发顾客投诉。

（2）导购员缺乏相关的业务知识

缺乏商品知识或对自己所售商品不了解，不能解答顾客疑问；缺乏对商场相关制度和临时促销活动的了解，误导顾客。

（3）企业提供的服务与顾客的期望有差距

送货不及时；送错货；售后维修不及时。

（4）顾客对购物环境不满意

通常顾客对购物环境的投诉较少，主要有店面频繁装修、商场安保措施不到位、存在安全隐患、噪声太大等。

（5）顾客自身原因

由于自身素质修养和个性，对企业经营方式及策略的不认同、对企业的要求超出企业对自身的要求或对企业服务的衡量尺度与企业自身的衡量尺度不同，提出对企业的过高要求而无法得到满足或者当顾客购买家具时，对家具和服务都抱有良好的愿望和期盼，如果这些愿望和要求得不到满足，就会产生抱怨和投诉。这其中也包括有些顾客故意找茬、恶意投诉，导购员一定要准确判断顾客投诉的合理性，并及时解决。

六、投诉情景模拟

1. 家具未能按时送到，顾客要求退货

情景描述：

顾客购买了一套家具，家具公司答应七日内送货上门并免费安装，但是过了半个月安装人员也没有把家具送到。顾客非常气愤，于是到家具店要求退货："你们说好七日内送货上门并免费安装的，现在都过去半个月了，连个影子都没见着。家具我不要了，给我退了吧。"

错误应对：

"您不要着急，我会向公司反映这件事的。"

（这种典型的套话，很难消除顾客的不满情绪）

"对不起，这个我们也没有办法，安装人员是由公司总部安排的。"

（这种内部推诿，只会引起顾客更大的不满，并且会加深顾客对家具品牌的负面印象）

"您再等两天就到了，运送家具的车已经在路上了。"

（这属于一张空头支票，对顾客来说没有任何说服力，很多顾客听到这样的回答，往往会更加不满和气愤）

情景解析：

经常会出现安装人员未能按时送货安装的情况，导致这种情况的原因是多方面的：有的是厂商方面的原因造成的，有的是经销商方面的原因造成的，还有的是安装人员自身的原因造成的。无论是上述哪种原因，家具导购员都有责任、有义务帮助顾客尽快解决问题。

向顾客做出了送货安装的时限承诺，顾客却没有在承诺的时间内收到家具，其内心的焦急和不满是可想而知的。所以当顾客提出这方面的投诉时，做好解释和情绪安抚工作是关键。具体来说，导购员应该做好以下几方面的工作：

首先，要耐心、认真地倾听顾客的诉说，了解清楚具体情况，并对顾客的心情表示理解，安抚顾客的激动情绪。

其次，必须向顾客明确一点，没有按照承诺的时间送货安装，不管是哪方面的原因造成的，都是自己的错，要勇于承认错误和承担责任。

再次，要将未能按时送货安装的原因仔细、如实地跟顾客解释清楚，以打消顾客的疑虑和担心，赢得顾客的谅解，例如："真的很抱歉，由于……原因，我们没有及时给您送货安装，给您造成了很大的不便，请您谅解！"

最后，要向顾客提供解决问题的方案，争取赢得顾客的谅解，例如："××，我们正在跟公司总部联系，我们会在半小时内给您一个满意的答复！"

只要做好上述几方面的工作，大部分顾客都会给予理解的。最忌讳的就是想方设法推诿，并且不采取任何有效的行动和措施。另外，为避免类似投诉再次出现，

一旦出现送货安装超过承诺时限的情况，导购员要第一时间与顾客沟通，以便让顾客及时掌握送货安装的进展情况。

2. 顾客情绪激动，一进门就大声嚷嚷说家具质量太差

情景描述：

顾客情绪非常激动，一进门就大声嚷嚷："你们这是什么家具啊……"

错误应对：

（1）置之不理、敷衍了事，不及时采取应对措施

这种做法会使顾客觉得自己没有得到应有的尊重和重视，导致顾客的情绪更加激动，不但不利于问题的解决，还可能引发更大的矛盾。

（2）为尽快安抚顾客的情绪，直接在门店处理顾客的问题

处理顾客投诉最好找一个安静的环境，直接在门店处理，很容易影响其他顾客的情绪和其他同事的正常工作。

（3）态度强硬，要求顾客保持冷静或与顾客争执

这种做法只能使顾客的情绪进一步激化，不但不利于问题的解决，还可能使事态进一步扩大。

情景解析：

通常情况下，上门投诉的顾客情绪都会比较激动，言辞也会比较激烈，因此，导购员一定要注意处理的方法和技巧：

首先，导购员要为顾客提供一个安静、私密的接待空间，这样不仅有利于阻止不利信息扩散，而且能使顾客觉得受到了重视和尊重。如果直接在门店处理问题，由于有其他顾客在场，很容易对店面信誉和形象造成负面影响，同时也会妨碍其他同事的正常工作。

其次，导购员要给顾客一段情绪缓冲的时间，待顾客情绪平稳后，引导顾客说出事情的原委。在顾客叙述的过程中，导购员要耐心倾听，必要时记录要点。了解情况后，导购员要对顾客表示理解和认同，并向顾客表达为其解决问题的诚意。

最后，还要强调一点，无论前来投诉的顾客是否友善，导购员都要保持冷静的心态和良好的处理态度，避免跟顾客发生冲突。

3. 顾客投诉安装服务人员服务态度太差

情景描述：

顾客因安装人员服务态度差，打电话到店面进行投诉："你们的安装人员服务态度太差了，安装完把我们家弄得乱七八糟的，让我们自己清理！"

错误应对：

"不可能，我们的安装人员素质一向很好的，我们对安装人员的要求很严格的，绝对不会出现这种事情。"

（这种无谓的辩解有偏袒同事的嫌疑，同时也是对顾客诚信的否定，不仅会加深顾客的反感，而且会损害店面的信誉和形象）

"有什么问题您打我们公司的服务电话反映，我解决不了。"

（这种说法明显是在推卸责任，很可能使顾客更加不满，导致事态进一步恶化）

"这种问题我也没办法，安装人员是我们总部派出的，不归我们管！"

（这种说法是推诿的表现，缺乏为顾客解决问题的诚意，不但容易激化双方的矛盾，还有损店面的信誉和形象）

情景解析：

家具安装人员服务态度差是造成顾客投诉的重要原因之一，比如家具安装人员说话不当、专业技巧不足、怠慢顾客、做事不负责任等，都有可能引发顾客的不满和投诉。一旦发生顾客投诉，负责接待的导购员一定要及时、认真、正确地处理，否则很容易让顾客的投诉升级。

处理类似顾客投诉，需将重点放在顾客不满情绪的释放上，因为顾客家里被安装人员弄得乱七八糟，心情一定非常糟。导购员首先应该认真、诚恳、耐心地倾听顾客的陈述，并及时向顾客承认错误、表示歉意，以缓解其不满情绪。

待顾客说完后，如果导购员觉得投诉的问题在自己的职权和责任范围内，那么应该迅速为顾客提供解决方案，例如："我们愿意为此承担全部责任，并马上派

人过去给您清理。”这时一定要向顾客强调“马上、立刻”等，以示自己为其解决问题的诚意。如果投诉的问题超出了自己的职权和责任范围，则应该诚恳地向顾客表示其投诉的问题一定能得到认真、妥善的处理，然后迅速向上级反映并跟进，直至问题妥善解决。最后，导购员要对顾客的投诉表示真诚的感谢，并及时对顾客进行回访，了解顾客的满意度。

案例展示：服务投诉

服务投诉

顾客：你好，我找××。

导购员：您好，我就是，请问有什么可以帮助您的吗？

顾客：我前几天在你家买了家具，我姓汪，你们的家具质量太差了。昨天刚收到货，安装工人打开包装一看，门板都坏了，你们还是大品牌呢，竟然质量这么差。

导购员：您好汪女士，我记得您前天在我们家买过卧室套装吧！

顾客：对，开始我很相信你们这个品牌，所以定了两三万元的货，现在出现这种问题，你要给我换掉才行。

导购员：我刚才查了一下订单，您这是外地订货，产品是您自己通过货运公司运输过去的，运送过程出现任何问题我们是不会负责的，这您是知道的吧？

顾客：如果是一点点问题我也不找你了，但是，这么多东西，你不负责可不行，必须给我换了。

导购员：对不起，我必须按规矩办事，如果是我们的问题，我们一定会为您换货。

顾客：我不管你们规定不规定的，如果不换那我就全部退货。

导购员：合同上写得很清楚，这完全不是我们的问题啊，换货是不可能的，您现在还有事吗？我很忙。（投诉禁忌：推脱责任，不解决问题）

顾客：你忙我就不忙吗？我明天过来找你们经理，哪有这样的事啊。

顾客：全经理，你们那李导购怎么回事啊，服务太差劲了，我刚买的衣柜门板坏了，我给她打电话，她说不关你们的事，让我找运货公司，你看怎么办？

全经理：来。您好，请坐，请坐，您先喝杯茶休息一下。

顾客：行，谢谢。

全经理：您贵姓？

顾客：我姓汪。

全经理：汪女士，您是遇到什么问题了吗？是门板坏了吗？（仔细向顾客了解投诉问题）

顾客：对，我在你家买了好几万的家具，但是昨天安装工人打开一看门板全是坏的。

全经理：门板全坏了？

顾客：对。

全经理：那现在门板都用不了了是吗？

顾客：对。完全用不了了，一边开裂的，而且还有好几块破损的。

全经理：那除了这个，衣柜的其他部件还能用吗？

顾客：其他的还可以用。

全经理：啊，其他的还可以用，除了门板还有什么问题？

顾客：我买你家的家具主要就是因为信得过质量，还有厂家的实力，但是你们的导购员服务态度太差了，态度不行。

全经理：是态度问题吗？

顾客：对，这让我很生气。

全经理：这个您放心，我们在后续会给您提供更好的服务，对于目前出现的问题，我很抱歉，对不起。今天让您白跑一趟，首先我替她给您道个歉，一会儿我跟她说一声，让她跟您道个歉。我也会给货运公司打电话，让他们也负起该负的责任，这样，一会儿我再送您一个礼品。（给顾客提供解决办法，并送上表达歉意的小礼品）

顾客：谢谢全经理，那行，货运公司我再联系一下，我再买几块新的门板吧。

全经理：那真的是不好意思了。

顾客：没事，没事。

全经理：一会儿我给您协商。

顾客：行。

全经理：这边请。

顾客进行服务投诉可能由于导购员工作中没有服务意识或者马马虎虎、耍小聪明、不按工作程序办事等。案例中的问题主要在于顾客自身原因，导购员的态度也存在问题。

拓展训练

自选顾客投诉类型，运用所学方法编写导购语，进行情景模拟演练。

1. 顾客投诉家具质量不好；
2. 顾客投诉商场环境嘈杂；
3. 顾客投诉服务差。

附录一

礼仪培训

任务一　初次见面，让对方“喜欢”你

礼仪，存在于我们日常生活的衣、食、住、行中，是我们在正式场合中需要遵守的行为规范；同时，人际交往中遵守礼仪能够达到人与人的和谐相处，也是达成合作的前提。礼仪就是你向他人展示自我的名片，无论你的身份、地位、生活方式等如何，每个人都应该树立礼仪意识。

家具市场竞争越来越激烈，商品同质化严重，顾客的消费心理日趋成熟，对家具服务有了更高要求；处于家具销售前沿的家具导购员，是顾客进店后唯一接触的品牌工作人员；顾客对导购员的印象，决定了其对品牌的认可度，甚至影响购买决策。

销售工作的关键环节是：推销自己，让顾客“喜欢”你。

顾客选购商品，尤其家具这类不会频繁更换的耐用消费品，顾客对商品有需求才会来到家具卖场进行“实地考察”；在这一过程中，虽然顾客的目标是商品，但是其首先接触到的是家具导购员。如果接待顾客的导购员服务积极、态度诚恳、彬彬有礼，给顾客留下良好的第一印象，顾客很有可能会接受推荐的商品；相反，如果导购员对顾客爱搭不理、服务不到位，就算品牌有很高的知名度，为他推荐的商品再好，他也很难会接受。

实际上，销售与购买也可以看成是一种存在于导购员与顾客之间的交往活动。顾客不会花很长时间去了解面对他的导购员到底有多专业或者多么优秀，只有彼此之间产生好感，相互接受，才能够继续交流下去。

试想这样的场景，顾客正说得滔滔不绝，而导购员刚好打了个哈欠，顾客一定会觉得导购员对他的话并不感兴趣而气愤。或者顾客当时的心情很糟糕，你却自顾自地讲个不停，顾客可能会觉得你很啰唆，甚至对你反感。其实不管我们在接待谁，不管对方是第几次来店，一些基本的细节还是需要注意的。

顾客进入卖场选购商品，千万不要以为其注意点全部集中在商品本身。与人交往时，一个眼神、一个表情、一个手势，都可能让顾客接收到重要的信息；导购员的穿着打扮、言语表情均影响着顾客对所展示的商品的感觉。

讲礼、重仪是中华民族的优良传统。在飞速发展的今天，礼仪不仅体现丰厚的历史文化，富有鲜明的时代内涵，更是现代文明的重要组成部分。

作为一名家具导购员，工作集中于与人打交道，加强自身修养、注重礼仪礼节，是工作成功的重要条件之一。究竟具备哪些条件，才能够让顾客接受你，“喜欢”你？

建立良好的第一印象

一、仪容礼仪

形象是向他人展示自我的名片，好的形象能够帮助我们营造良好的人际关系，可以加分。

首先吸引他人注意力的就是面容，在与人交往中，我们都应该注意自己的面容修饰。面容美，才能做到仪容美。

1. 面容修饰——保持面容干净整洁

脸部是交流的“重点关注区”，与人交谈时的大部分时间视线都会集中在对方的面部。对于导购员，干净、整洁是面容修饰的基本要求，做到并保持无异味、无异物，如常洗澡、洗头，皮肤保养得当，看起来有光泽，注意口腔卫生等细节。

面容修饰

由于性别和审美观念的不同，对于男、女导购员的面容修饰有不同的要求。

（1）女导购员的面容修饰要求

对于女导购员，要求适当化淡妆：不花哨，不能化另类妆，保持面容端庄自然；得体的妆容会让人感觉更加精神饱满。需要注意的是化妆是一种私密行为，女士化妆后要始终维护妆面的完整性，残缺、邋遢的妆面会给人留下懒惰、消沉的印象；要及时补妆，但要切记“修饰避人”。

（2）男导购员的面容修饰要求

男士不必化妆，而男士面容最基本的细节体现在胡须上：不能胡子拉碴，男士应该养成每天修面剃须的良好习惯。

2. 发型得体

发型对一个人的面部和整体的形象非常重要，一个适合自己的发型能够让你更加自信；要勤于梳洗，清爽的发型是最基本的要求；要长短适中，男士不留长发，要求前不遮眉、后不过领、两侧不盖耳；女士发型要职业、干练，露出额头，扎起头发。

3. 恰当的表情，让顾客感到舒适

面容是人体中最能传情达意的部位，最能吸引人注意力的就是表情，一个人的面部表情展示内心最真实的感情。表情是无声的语言，却可以表现出喜、怒、哀、乐等各种复杂的感情，表情直接影响对方对你的印象。销售与购买其实是导购员与顾客之间的一种交往活动，导购员可能每天要面对很多顾客，在这过程中，自己最真实的心理感受会直接体现在服务和面部表情上。

恰当的表情

为了成功推销自己，让顾客喜欢你，获取顾客的认可，一定要管理好自己的表情。导购员的表情不自然，会让顾客感觉不够专业；合适的表情，能够展示自信与对他人的尊重。

（1）亲切的眼神

与人交往，首先向对方投去专注的目光，适度地注视对方的眼睛，这是基本的礼仪要求。表情能如实反映一个人内心的喜、怒、哀、乐，用亲切的眼神表达确切的信息，是情绪的外露；将自己的亲和力和自信传递给顾客，告诉对方我是欢迎您的，我愿意为您服务；保持目光接触，能够利用眼睛去体会顾客的情绪变化，获取顾客的需求信息，适时主动提供服务，抓住销售主动权。

亲切的眼神

在接待顾客的过程中，自然、坦诚地正视对方，否则只会暴露内心的胆怯、不自信，影响顾客对你的信赖感。

（2）主动对顾客微笑，他们才会“喜欢”你

嘴部的表现力仅次于眼部，主要利用嘴部来完成“笑”，它是生动、多变的感情表达语；与人初见，给对方一个微笑，能够消除双方约束感；与同事相见，微笑着和对方打招呼，能够营造轻松、融洽的交往氛围；与顾客相见，让对方觉得你很亲切，与你相处很轻松，并且适当地传达对其尊重。

微笑是表示友好意愿的信号，作为家具导购员，借助自己迷人的微笑，能够迅速、高效地拉近与顾客之间的距离。

真正能够打动人心的微笑不是露几颗牙齿，当你能够展示发自内心的笑容，相信顾客也能感受到你的真诚。

二、仪表礼仪

仪表礼仪

导购员的服饰也能影响销售业绩？答案是肯定的。得体的着装，不但能给对方留下完美的外在视觉效果，而且还能反映出个人的气质、性格、内心世界，在很大程度上决定了别人对你的喜欢程度。

服饰在一定程度上决定了别人对你的印象和态度。一套得体的服装会带给你自信，从而使别人更愿意与你交往。恰当的着装不仅给人以好感，同时还直接反映出一个人的修养、气质与情操，它往往能在你尚未展示你的才华之前，向别人展示你的气质。

1. 着装的基本要求

（1）符合身份

着装要符合职业特点和岗位要求。

（2）扬长避短

着装应该展现自己的优势，隐藏缺点。

（3）遵守惯例

不同国家、地区，着装的要求不同。

（4）场合着装

出席不同场合有不同的着装要求，比如出席晚宴、私人聚会等着装不同。

2. “舒服”原则

让自己舒服，从而更加自信地面对顾客；强烈的暗示作用，在心理上提示自己表现得如同自己的服装一样出色；你不一定穿自己喜欢的衣服，但你一定要穿让你自信的衣服。

让顾客在与你接触交流时，感到舒适、自然。建议大家选择剪裁合体的衣服，舒服、干净整洁、没有褶皱即可，以清爽的形象迎接顾客。

三、仪态礼仪

服务姿态极为重要，站有站相、坐有坐相，温文尔雅、从容大方、彬彬有礼是家具导购员的必备素质。优雅、得体的服务姿态往往会给顾客愉快的感觉，让对方乐意与你沟通，创造良好的氛围。

展示给顾客的姿态包括：接待顾客时的站姿、沟通时的坐姿、展示商品时的蹲姿、引领顾客时的走姿以及身体所展示的其他姿态。

（一）站姿——接待顾客时的站姿

站立，是我们生活交往中基本的仪态，也是个人举止优雅的基础。站立，是静态造型，但又是其他动态造型的基础和起点。

正确、标准的站姿对家具导购员来说很重要。只有站得得体，才能体现出专业的气质，不用任何语言就能给人一种美感，站立时，要掌握的最基本要领是：挺拔、稳重、自然。

1. 女导购员的正确站姿

女导购员的站姿如附图1-1所示。

①头部：头正，双目平视前方，下

附图1-1 站姿

颌微收，面带微笑（笑要发自内心）。

②肩部：两肩自然放松，稍向下沉，后背挺直，人体有向上的感觉；躯干挺直，收腹立腰，胸部略向上挺起，呼吸要自然。

③手臂：两手自然交叉于体前，右手在上，左手在下（右手搭握在左手四指，左手四指指尖不得露出），置于小腹位置。

④腿：双腿并拢立直，吸腹收臀，两髋向中间用力。

⑤双脚：两脚跟相靠，脚尖打开30°～45°，身体重心集中在脚上。

2. 男导购员的正确站姿

①头部：头正，双目平视前方，脖颈挺直，嘴唇微闭，下颌微收，面容平和自然。

②肩部：两肩自然放松，稍向下沉，后背挺直，人体有向上的感觉；躯干挺直，收腹立腰，胸部略向上挺起，呼吸要自然。

③手臂：两手自然垂下，置于体侧，手指自然弯曲。

④双脚：双脚叉开，与两肩同宽。

端正的站：站如松，要有挺拔的美感，挺直躯干，挺胸、立腰。以鼻子为中线的人体应大体呈直线，有“直立感”；肢体及身体给人以舒展的感觉，有“开阔感”；侧面看，头至脚踝骨大体呈直线，有“垂直感”。

生活环境、个人习惯、审美、职业特征等，导致每个人都有自己独特的体态特征，但站立时不可以有以下情形：头不正，无精打采，让人觉得你颓废、不积极；耸肩、勾背、摆弄衣角等，让人感觉你拘谨、缺乏自信。在正式场合，千万不要将手插入裤袋或交叉与胸前，给人一种无礼、轻视别人的感受；不抖腿，不摇晃身体，不倚靠墙、椅子、桌子等。

站立时身体自然放松，精神饱满，微露笑意，目光关注顾客，传递亲切感。

3. 站姿训练

正确、标准的站姿是一个人身体健康、精神饱满的体现。纠正不良站姿，保证呈现在他人面前的站姿是挺拔、放松、自然的。

（二）走姿——引领顾客时的走姿

明确顾客需求后，根据顾客的个人情况，推荐适合的商品。此时，不如引导顾客来到商品区，直接将产品真实地呈现在他面前。

走姿即行走的步态，让人始终处于动态之中，走姿最能体现一个人是否有信心，如能协调稳健、轻松敏捷，则给人美感，能够让人感受你良好的精神风貌。

1. 优雅的走姿

女导购员的走姿如附图1-2所示。

行如风——走起路来像风一样轻盈。一般来说，标准的走姿要以端正的站立姿势为基础。

①头部：头正，双目平视前方，下颌微收，面带微笑（笑要发自内心）。

②肩部：上身挺直，头正、挺胸收腹、立腰、重心稍前倾。

③手臂：双肩平稳、双臂前后自然摆动，摆幅以30°～45°为宜，双肩不要过于僵硬；双臂外开的角度不超过30°，前后摆动的幅度为30～40cm为宜。

④腿：注意步位。两只脚的内侧落地，对女导购员来说，理想的行走线是一条线；男导购员行走时，两脚跟交替落在

附图1-2　走姿

两条平行线上，两脚尖的横向距离约3cm。

⑤双脚：步幅适当。前脚跟与后脚尖相距为一脚长，男导购员步幅可适当加大，大于自己的一个脚长。

⑥走速：行走速度。一个人的行走速度通常取决于兴奋程度，以接待顾客为例，当你动作积极、速度快，也能够让顾客感受到你对他的欢迎程度。

肢体语言可表达内心的想法，走姿协调稳健、轻松敏捷能够展示自信；遇到顾客时，主动、积极地以轻快的脚步迎向顾客，能够展示欢迎的态度以及愿意为他服务的迫切心情。

2. 走姿训练

在家具卖场中，遇到狭窄的通道时，应该如何做？完成接待，陪同顾客乘坐电梯时，怎样展示优雅的姿态？

附图1-3　蹲姿

(三)蹲姿——展示产品时的蹲姿

接待顾客时，为了让其更充分地了解产品，完整地展示商品、介绍商品细节是必不可少的。整理卖场环境时、遇到低矮造型的家具时，为了便于沟通，蹲下来正视顾客进行交流可能是最好的。

1. 蹲姿

蹲姿分为三种类型：高低式蹲姿、交叉式蹲姿、半跪式蹲姿，女导购员的蹲姿如附图1-3所示。

下蹲时，左脚在前，右脚在后，两腿向下蹲，左脚完全着地，右脚脚掌着地，脚跟提起，臀部向下，右膝要低于左膝，右膝内侧可靠于左腿内侧，双膝一高一低；女士要将腿靠拢再蹲下，男士两腿之间可以有适当距离。忌弯腰、翘臀或两脚平蹲；忌与人距离过近；忌对方毫无准备突然地下蹲；另外，蹲在地上或椅子上休息是服务行业的大忌。

2. 蹲姿训练

为顾客展示茶几的使用功能。

附图1-4　坐姿（1）

附图1-5　坐姿（2）

(四)坐姿——沟通时的坐姿

为营造融洽的谈话氛围、给顾客更理想的思考空间、让顾客感受商品的使用效果，那么一定要和顾客一同坐下来。

1. 坐姿

与站姿相同，坐姿也是一种静态姿势，在人际交往活动中，坐姿也是使用较多的姿势。礼仪最注重“尊重”，在顾客尚未坐定之前，不要先坐下；入座时，要稳重、端正，不能太随意，女导购员的坐姿如附图1-4和附图1-5所示。

入座时，如果条件允许，尽量做到左侧入座，且不要挪动座椅位置；坐椅子的三分之二最恰当，“不满坐是谦恭”，但也不必坐椅子边缘，否则给人感觉过于拘谨；与人沟通时身体稍向前倾（身体朝向哪个方向要看顾客的位置），通过你的姿态让顾客知道，你想倾听他的需求，你愿意为他提供帮助，让他感受到你的真诚。

入座前，应先将裙角向前收拢，不可以入座后再整理衣服；女士的膝盖一定要并拢，做到两腿间无缝隙；两手叠放于腿上，手在距膝盖一拳的位置，否则给人感觉过于拘谨、缺乏自信。

脚可以放在中间，也可以放在侧边，视当时的谈话环境而定（顾客所在方位、饰品摆放等）。男士膝盖可稍微分开，但不宜超过肩宽，大概两拳的宽度；忌讳抖腿；离座时，要从左侧离开，不发出响声。

礼仪约束我们的行为规范，但也很人性化，我们要学会灵活变通。如果与你交流的人表现得很放松，那么男士也可以稍微放松，但要注意不可以跷二郎腿或抖腿；绝不能以脚尖指向别人，更不能将鞋底面向对方，这是对别人的不尊重。

2. 坐姿训练

坐姿的训练要围绕入座前、入座时、离座三个方面展开；在训练中注意双腿、双脚位置，可以以小组配合完成，也可以利用镜子、拍照等方式反复比对训练，纠正坐姿。

任务二　拉近与顾客的距离

当真正行动起来，你是否有信心凭借自己的礼仪素养令顾客对品牌、产品建立信心？接待顾客你准备好了吗？

一、致意礼仪

与人相见，难免要问候对方，问候是人际交往的第一步，也是十分讲究礼仪的，是交往的艺术；遇熟人、同事主动打招呼；接待顾客主动及时问候；别人同你打招呼，应立即回应。

致意，表示问候，是人际交往中较常使用的礼节，主要是以动作问候对方，它反映个人素养，要想做到合乎礼仪，一定要分清对象，选对场合。

（一）致意礼仪基本规范

男士首先向女士致意，年轻者首先向年长者致意，学生首先向老师致意，下级应当先向上级致意。不论问候的对象是谁或选择怎样的致意礼仪，都必须遵守致意的基本规范：位尊者有优先权。

（二）常用的致意方式

1. 举手礼

举手致意，适用于向距离较远的熟人打招呼，一般不必出声，只将右臂伸直，掌心朝向对方，轻轻摆一下手即可，不要来回摆动；与人道别时也可使用。

2. 点头礼

做法是头部向下轻轻一点，同时面带微笑，表示亲切、友善；幅度不可过大，也不必点头不止。

点头礼适用的范围很广，适于不宜交谈的场合，如路遇熟人或与熟人、朋友在会场、剧院等，以及遇上多人而无法一一问候时，都可以点头致意。

3. 鞠躬礼

为了表示对他人的敬重，行鞠躬礼更得体；鞠躬礼适用于向长者表示敬重、向他人表示感谢；唯有追悼活动才用三鞠躬；在喜庆的场合，鞠躬次数不可为三。

鞠躬时，首先立正站好，保持身体端正，同时双手在体前搭好，左手在下右手在上，面带微笑；以腰部为轴，整个腰及肩部向前倾斜15°~30°，目光看向脚前方一步，不要把头整个埋下去。

服务行业倡导用鞠躬礼的宗旨是为了改变自身身体行为动作，而不是在追求精确。

4. 握手礼

不论日常社交还是商务场合，对待稍微熟悉的人或顾客，再行鞠躬礼便显得生疏、不热情，那么握手致意可能是更好的选择。

握手礼是在人际关系中使用最频繁、最广泛的致意方式，非常实用。握手一般使用在见面、离别或双方被介绍相识时，双方行握手礼得体、恰当。

标准的握手礼仪：

①大方伸手，虎口相对：在握手的时候，为显友善，面向对方距离大概一步，大方地先伸出右手，不能用左手，这是国际惯例。

②力度七分：握手的力量要适中，握手反映的是人的性格，力气太大显得鲁莽、不稳重，如果力度太小显得有气无力、缺乏生机，力度七分最恰当。

③3s结束：握手的时候差不多说完“您好，见到您很高兴”时间就刚刚好，控制在3s结束。

④面带微笑：握手的时候眼神有交流，有的人握手的时候连眼皮都不抬，匆匆忙忙，一点都不真诚；与人握手，要正视对方，再通过你的微笑赢得好印象。

相反，一个不礼貌的握手、错误的握手方式可能会给人带来不好的感受，让你错失良机。比如：握手时间太长。握手时间既不能太仓促，否则显得不热情，也不能过久，尤其是和女性握手时。

导购员接待的每一位顾客，年龄、身份、职业、个人情况等大不相同，在他们面前你所展示的每一个姿势、动作都蕴含着很多情感，让人印象深刻，温暖人心。

（三）正确、恰当地展示致意礼

1. 亲切、友善点头礼

顾客购买家居商品属于即时性关注：初来家居卖场，陌生的环境、陌生的品牌，让其毫无目标；此时，如果家具导购员能够在接触顾客目光的一瞬间微微点头，打招呼，表现“我注意到您了”，同时露出微笑，并且保持目光的接触，顾客可能会将此视作一种友善的表现。

2. 热情有礼鞠躬礼

要保持目光注视，顾客会根据我们的行为举止判断自己是否被欢迎，当顾客离店面越来越近的时候，我们是不是可以得到一些信息：说明我们的“迷人微笑”起作用了，顾客已经被我们吸引，想到我们店面看一看了。这个时候我们可以准备接待了，距离1.5m时接待最为恰当，初见顾客，致意礼仪中最能展示尊敬态度的“鞠躬礼”更合适。

二、言谈得体

适度的热情是接待初次来店顾客最合适的态度，但是顾客更喜欢自己亲身感受到的，喜欢通过点头、微笑、目光、问候的语气与音调等方式综合判断对他们的受欢迎程度。此外，还要以高亢、有力的声音欢迎对方，例如："您好，欢迎光临××专卖店。"或者"××品牌，您随便看看。"为什么要用高亢的声音呢?因为高亢代表着热情，让对方能够通过声音感受到。

家具导购员在接待顾客的全过程中，想要取得对方的信赖，言谈得体、仪态优雅缺一不可。在与顾客交谈时，语言使用是否恰当，既反映导购员的文化素养，还反映对待顾客尊重与否。作为家具导购员，与顾客初次相见，利用形象留下第一印象，利用仪态赢得顾客的好感。

（一）礼貌用语

服务语言要简洁、准确、礼貌，做到"五要""四不讲"，常用"十四字"文明礼貌用语。"五要"：语言要亲切，语气要诚恳，语调要柔和，用语要准确，要说好普通话。"四不讲"：不讲粗话、脏话，不讲讥讽挖苦的话，不讲催促埋怨的话，不讲与场景无关的话。接待顾客的各个不同服务阶段，要灵活用好"十四字"文明礼貌用语。"十四字"文明礼貌用语：您、请、欢迎、对不起、谢谢、没关系、再见。接待顾客的过程中表示尊敬，营造亲切放松的氛围，尤其对待年长的顾客，多用敬语。

（二）声音

注重交谈内容的同时，也不要忽略讲话的声音，声音是"听得到的微笑"，笑容可使声音自然，轻快悦耳，给对方留下亲切的印象。好的情绪、上扬的语调更显热情；比如，初见顾客，为了展示热情、礼貌的态度，可以用高亢、有力的声音问候："您好，欢迎光临××家具。"

声音

（三）称呼礼仪

见面时一定会用到称呼，称呼代表了自己的涵养，也表现了对别人的尊重，家具导购员想要对顾客使用准确、贴切的称呼，重点把握以下几个方面：

1. 称呼对方时要认清对象

每天接待的顾客层次大不相同，在具体称呼服务对象时一定要认清，因人而异，使用贴切、恰当的称谓。

与人交往时，几种较常被使用的称呼：

①泛尊称：先生；女性：（未婚）小姐，（已婚或有一定年龄的女性）女士。

②行政职务称呼：张经理，李总，即姓氏加职务，最重要的是弄清楚对方的职务，不要叫错，避免失礼。

③亲属类称呼：李姐，张哥，这类称呼听上去很亲切，注意第一次见面禁止使用亲属类称呼，比如有些人很反感第一次见面就喊哥或姐，第一不职业，第二我和你不熟悉，好像跟我套近乎；熟悉后再见面叫她李姐，对方已经接纳了你，再用亲属类称呼，一下就能拉近双方的距离。

2. 尊重习惯

入乡随俗，了解当地的文化。

3. 称呼遵守原则

所有的礼仪都是位尊者有优先权，遇多人时，要先称呼尊者、长者。

4. 禁忌称呼

在社交场合，非常忌讳称呼别人"哎""喂"。

称呼学问大，用好了称呼可以拉近距离和关系；热情、正确的称呼，表示对交往对象的尊重。

（1）新顾客

顾客第一次来店，双方还不熟悉，再加上买方、卖方之间固有的防卫心理，彼此之间适当的距离感非常重要，在顾客还没有完全接受你时，泛尊称"先生""女士"可能是最好的选择。

（2）产生购买行为的顾客

很多导购员有一个误区，认为与顾客很熟，就觉得对方也不会那么在意，觉得还是接待新顾客会更重要，但越是老顾客往往越是渴望得到格外的尊重；以加倍的热情迎接老顾客，不论你有多忙，用自己最欢迎的心态来迎接。如：主动迎上前，"王姐，您终于来了，盼了您好久了"，此时使用亲属类称呼，通过称呼就能看出你们关系亲近，让她有面子，无形中还巩固了顾客关系，这就是语言的魅力。

（四）谦辞雅语

人与人之间交谈离不开寒暄问候，在商务场合中一个礼仪用词就能文雅而精准地表达很多意思，接待顾客时有哪些谦辞雅语，可以让我们与众不同呢?

①当顾客进入店面，导购员应主动及时打招呼："您好，欢迎光临××家具"，以表欢迎，告诉对方愿意为其提供服务。

②通过与顾客的交流，清晰了解顾客需求后，我们可以说："请稍等，我马上为您安排"，展示积极的服务态度。

③完成销售："这是您的合同，请您收好"，以表贴心与感谢。

④善始善终，迎客、送客均不可松懈："请慢走，欢迎您下次光临"。

礼仪就是让与你交往的人觉得舒服，用对方喜欢、舒服的方式来对待他，这样才能赢得更多人的心，获得更多的朋友，开拓更多的顾客资源。

三、送客礼仪

作为家具导购员，每天的工作就是与顾客打交道；那么，你一定会认为，接待顾客太简单，但是让顾客满意地离开并不容易。

订单成交后，不要片面地认为这位顾客的接待工作已经结束了，而应该把这个终点当成销售服务的起点；必须让你的老顾客对产品和服务都满意，顾客经历了一次愉快的购物，他不一定会分享给身边人；但不愉快的遭遇一定会向他认识的人倾诉；不管孰对孰错，与顾客相熟的人会相信谁呢?

家具导购员在送客过程中，应注意不论顾客是否购买了家具，在其离开时均应向对方道别。对购买家具的顾客道别，对未购买家具的顾客也要道别，这是最基本的礼仪要求。

顾客了解家具并表示告辞时，家具导购员再用言语、行动送客。利用热情的感谢语、告别语明确表示感谢；利用行动让顾客感受你的关心：帮助顾客提重物，握手、挥手致意等；家具导购员要将顾客送出店面，如果是重要顾客要送到电梯口；同时也不要热情过了头，当顾客表示请留步时，就应该结束送客。

四、名片礼仪

名片礼仪

名片是与陌生人交往并决定日后是否联系的重要途径之一。当你已经跟一个陌生人微笑、点头致意、热情握手后，递上自己的精美名片就是自然而然的事了；当你接待顾客并赢得好感和信赖后，递上名片关系才会更长久，如附图1-6所示。

交换名片也有大学问，名片虽小但作用很大，传递的是尊重，蕴含的是智慧；名片是自我介绍信，是每个人最重要的书面介绍材料。

作为家具导购员，代表自己身份的名片必然是不会离身的。究竟如何利用名片与顾客建立联系呢？

1. 名片要提前准备好

名片放在方便拿取的位置，不要在需要名片时手忙脚乱，这样显得很不专业。

名片可以放在衬衫左侧口袋或西装的内侧口袋，或者店面中的固定位置，总之方便拿取就可以；切记不要将名片（你的或对方的）放在裤袋里。

2. 交换名片的姿势

①起身站立，恭敬地用双手将名片递给顾客：不能随便用一只手拿名片给顾客，或者遇到带亲戚朋友的多位顾客，拿一打名片发，这样的姿势好像发传单，有失尊重。

②姿势：名片是身份的象征，递名片时不要将名片举得高于胸部；身体前倾15°表示恭敬，保持目光注视，面带微笑，展示亲切，双手食指与大拇指配合，不要挡住标识，要将你的重要信息第一时间展示给对方，最好从胸前45°递出。

附图1-6　名片礼仪

③语言：将名片递给他人时，应说“多多关照”“常联系”“随时为您服务”等话语，或者先做自我介绍：“我是××专卖店的××，您叫我××就可以。”以此加深对方对你的印象。

拓展训练

让初次进店的顾客喜欢你。

附录二

必备基础知识

任务一　色彩搭配

色彩搭配得当，会是家具导购员在日常的工作中非常重要的工具，运用色彩搭配进行家居卖场的产品搭配，也能根据顾客家中的硬装配色推荐选择家具的色彩。

色彩基础

一、色彩在家居空间的重要性

在家居空间中，色彩是最富活力的视觉因素，对营造居室气氛、创造良好的生活环境起到至关重要的作用。对于居室来说，无论是“富丽堂皇”“花哨艳丽”，还是“简洁淳朴”“淡雅清新”，这些都是针对色彩感受而言的评价。如果色彩运用得体，恰到好处，则是一种有效的强化装饰的手段。往往只需极少的投入就可能收到极为理想的装饰效果，使居室环境变得多姿多彩，富有生气和魅力，如附图2-1所示。

二、色彩的基础知识

1. 色彩的产生

光是产生色彩的基础，人类感受色彩是通过太阳光照射在物体表面而反射的光，呈现出不同的色彩，如附图2-2所示。

2. 色彩的三属性

视觉所感知的一切色彩现象都具有三种属性，分别是色相、明度、纯度。

附图2-1　不同色彩感觉的家居空间

（1）色相

色相是指色彩的相貌，它是色彩的首要特征，是区别各种不同色彩的最准确的特征。黑、白、灰以外的任何颜色都有色相的属性，色相如附图2-3所示。

（2）明度

明度是指色彩的明亮程度，明度中最亮的是白色，最暗的是黑色，色彩明度变化如附图2-4所示。明度差异小给人温和感，色彩间的冲击较小，如附图2-5所示；明度差异大，色彩冲击较大，给人感觉较为鲜活，富有活力，如附图2-6所示。

不同色彩搭配在一起效果也会有所不同，如在一个色彩中加入白色，明度就会提高，高明度色给人干净、柔和的感觉；加入黑色，色彩明度就会降低，低明度色给人暗淡、古旧的感觉。

（3）纯度

纯度是指色彩的纯净程度，又称色彩的“鲜艳度”或“饱和度”，如附图2-7所示。通常我们认为色彩的纯度越高越鲜艳，纯度越低越朴素，高纯度色对视觉的刺激性强，呈现醒目、活泼、激烈的视觉效果，如附图2-8所示；低纯度色对视觉的刺激性弱，呈现平静、素雅、暗淡的视觉效果，如附图2-9所示。

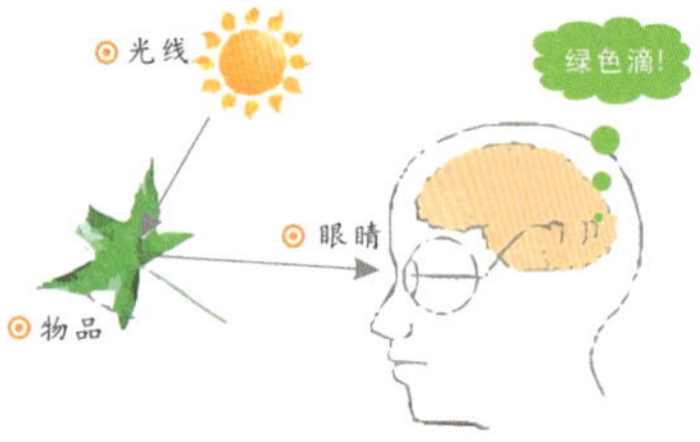

附图2-2　色彩的产生

附图2-3　色相

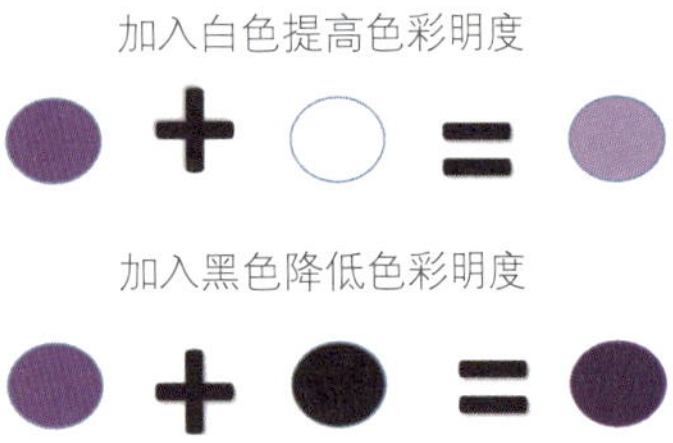

附图2-4　色彩明度的变化

附图2-5　明度差异小

附图2-6　明度差异大

附图2-7　纯度

附图2-8　高纯度色

附图2-9　低纯度色

3. 色彩的情感

每种色彩都有它独特的情感语言，它所表达出来的是人类极为复杂的感受，最能体现人敏感、多情的特质，并与人的生活息息相关。不同色彩传达出来的色彩情感也不同。

（1）蓝色

蓝色是理性的色彩，在色彩心理学的测试中发现几乎没有人对蓝色反感。明亮的天空蓝，象征希望、理想、独立；暗沉的蓝，象征诚实、信赖与权威。正蓝、宝蓝在热情中带着坚定；淡蓝、粉蓝可以让人完全放松。在艺术设计上，蓝色是应用最广的颜色；在服饰上，蓝色也是最没有禁忌的颜色，只要是适合“皮肤色彩属性”的蓝色，并且搭配得宜，都可以放心穿着，如附图2-10所示。需要平静心情、思考、与人谈判或协商、想要对方听你讲话时均可穿蓝色服装。

（2）红色

红色象征热情、性感、权威、自信，是能量充沛的色彩，高饱和度的红色充满了激情与力量，淡雅的红色常作为女性色彩，娇艳的红色往往表现积极向上的精神，深红色偶尔渗透神秘感和恐怖感，红色如附图2-11所示。

（3）绿色

绿色象征开始，也象征和平与希望，是天然的减压色彩，能赶走烦恼与阴霾。明度较低的草绿、墨绿、橄榄绿则给人沉稳、知性的感觉。绿色在团体中容易失去

附图2-10 蓝色

附图2-11 红色

参与感，所以在搭配上需要其他色彩来调和，绿色如附图2-12所示。

（4）黄色

黄色是明度极高的颜色，能刺激大脑中与焦虑有关的区域，具有警告的作用，艳黄色象征信心、聪明、希望；淡黄色显得天真、浪漫、娇嫩。黄色非常适合儿童，活泼开朗。在家居空间中，黄色常常作为点缀色，有调节画面层次的效果，黄色如附图2-13所示。

（5）紫色

紫色是高贵神秘的颜色，给人以优雅、浪漫的感觉，并略带一些忧郁的气息。淡紫色浪漫，带有高贵、神秘、高不可攀的感觉；深紫色、艳紫色则魅力十足、有点狂野又难以探测的华丽浪漫，紫色如附图2-14所示。想要与众不同或表现浪漫中带着神秘感时，可以穿紫色服饰。

（6）橙色

橙色是欢快活泼的色彩，使人联想到金色的秋天、丰硕的果实、家庭、温暖、阳光、欢快、放松、安全、幸福、理智、成熟，是代表富足、快乐而幸福的颜色，橙色如附图2-15所示。

（7）粉色

柔美的粉色系是浪漫与爱情的象征，可以软化攻击，安抚浮躁，从甜美的小公主到摩登女郎，相信没有哪个女人可以拒绝粉色系的神秘魔力。在家居空间中，粉色可以使用在卧室和客厅，满足少女情结，如果你偏爱粉色，空间也可以大面积使用粉色，需要注意的是比例和层次，粉色如附图2-16所示。

附图2-12　绿色

附图2-13　黄色

附图2-14　紫色

附图2-15　橙色

附图2-16　粉色

三、家居空间配色原则

色彩搭配

色彩通常不会单独存在，而是由两个或两个以上的颜色搭配在一起。不同的色彩组合搭配能够产生多变的视觉效果。

1. 家居空间常用的色彩搭配方法

色相环：由红、黄、蓝三种原色及原色两两相加混合产生的间色橙、绿、紫，再由原色和间色混合而成的复色构成的。色相环是配色过程中非常实用的工具。通过色彩在色相环上的位置关系可以找到实用配色方法，从而搭配出想要的空间格调，色相环如附图2-17所示。

附图2-17　色相环

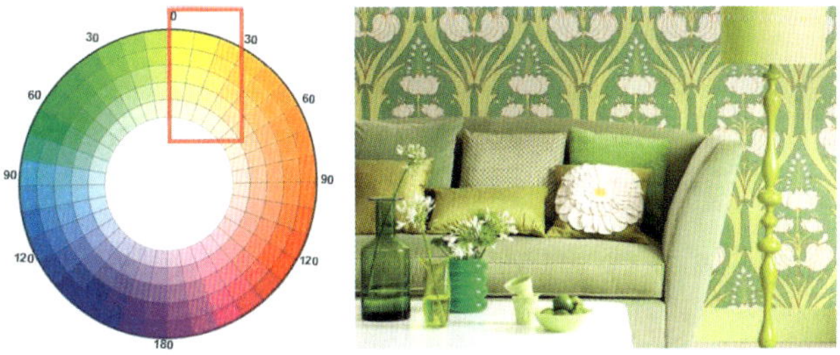

附图2-18　同类色配色

（1）同类色配色

同类色是指色相环上0°～30°的颜色，运用的色彩全部属于同一色相，明度和纯度不同，同一种颜色加白色，明度逐渐变亮，加黑色，逐渐变暗。这种配色方法容易做到色彩协调，是打造室内环境的常用手法；但是这种方法相对没有丰富的色彩变化，色调比较单一，容易让人觉得过于单调、沉闷，缺乏视觉冲击力，在色彩搭配上并没有形成鲜明的层次，只形成了明暗的层次。同类色配色如附图2-18所示。

（2）类似色配色

类似色是指色相环中相差30°～90°的色彩。类似色配色所使用的两个颜色之间拥有共同的颜色，这种类型颜色搭配是一种低对比度的和谐。设计时应用类似色搭配，可有相对柔和且活跃的视觉效果，和谐中产生对比，类似色配色如附图2-19所示。

（3）对比色配色

对比色是指在色相环上相差90°～120°的色彩搭配，对比色配色的色彩之间没有共同的色彩元素，因此色彩之间的差距较大，搭配在一起的效果艳丽活泼。对比色配色如附图2-20所示。

（4）互补色配色

互补色是指色相环上直线相对的色彩的搭配。互补色配色中，补色之间形成强烈的对比效果，传达出活力、能量、兴奋等意义。互补色搭配对比鲜明，很容易营造出明快、活泼的视觉效果，但这种配色方式不容易协调视觉效果。互补色配色如附图2-21所示。

2. 家居空间配色的四角色

家居空间中的基本色彩由四个角色组成，分别为背景色、主角色、配角色、点缀色。

（1）背景色

背景色是空间中占据最大面积的色彩，例如天花板、墙面、地面等，因为面积最大，所以奠定了整个空间的基本格调，起到决定空间基本色彩印象的作用。在同一空间中，家具的色彩不变，更换背景色就能够改变空间的整体色彩感觉，例如同样是白色的家具，蓝色背景显得清爽，而黄色背景则显得活跃，因此改变墙面色彩是最直接的改变色彩感觉的方式。在家居空间中，背景色通常采用柔和、淡雅的色调，给人舒适感；若追求活跃感或华丽感，则使用浓郁的背景色。背景色如附图2-22所示。

（2）主角色

主角色指空间中占据视觉中心的色彩，通常为摆放在空间中心位置的大体量物品的色彩。主角色选择可以分为两种：一种是选择与背景色接近但色彩纯度相对较高的色彩作为主角色，此种搭配较容易掌握，能够营造出和谐、稳定的配色效果，如附图2-23所示；另一种是选择与背景色色彩反差大的色彩作为主角色，这种搭配视觉冲击力强，能够很好地突出主

附图2-19　类似色配色

附图2-20　对比色配色

附图2-21　互补色配色

附图2-22　背景色

附图2-23　与背景色接近的主角色

附图2-24　与背景色色彩反差大的主角色

附图2-25　与主角色同一色相的配角色

附图2-26　与主角色差异色相的配角色

附图2-27　平稳空间选择点缀色

附图2-28　活跃空间选择点缀色

角色，同时能够营造活跃、艳丽的空间效果，如附图2-24所示，此处的沙发颜色即为主角色。

（3）配角色

配角色通常出现在主角色的旁边，它的作用一是为了更加衬托和突显主角色，二是配角色和主角色的配合能体现出空间整体的配色类型，构成空间的基本配色类型，如同相型配色的配角色可选择与主角色同一色相的色彩或无彩色来体现色彩关系，如附图2-25所示，而对决型配色的主角色和配角色就是一对互补色，如附图2-26所示。

（4）点缀色

点缀色是指空间中体积小、可移动、易于更换的物体的颜色，例如沙发靠垫、台灯、织物、装饰品、花卉等的色彩。点缀色通常是一个空间中的点睛之笔，在整体空间比较单调平稳时，可用点缀色打破单调的配色效果，制造生动的感受；当空间氛围足够活跃，点缀色也可以与主体色相接近，通过提高明度或纯度的方法来进行色彩之间的呼应，以强调这一色彩在空间中的主导性地位。搭配点缀色时需要注意，点缀色的面积不宜过大，面积小才能够加强冲突感，提高色彩的张力。例如当室内空间色彩较平稳的时候，可以选择色彩饱和度高一点的颜色，如附图2-27所示；当室内空间的色彩较活跃的时候，可通过抽取已有色彩的方法选择点缀色，如附图2-28所示。

3. 色彩搭配注意事项

家居空间配色还需要注意以下几方面内容：

①同类色配色和类似色配色色彩差距小，极易形成单调、呆板的视觉效果，解决办法是增加主角色和背景色、配角色之间的明度或纯度差异，然后用色相差较大的色彩作为点缀色出现，打破单调、沉闷的氛围；主角色、配角色、背景色三者的色彩明度可依次提高或纯度依次降低，以营造空间的层次感和节奏感；空间中加入黑、灰、白无彩色，加大色彩差距。

②对比色配色和互补色配色色彩差距较大，容易出现色彩对比过于强烈，以至于给人不协调感或使人产生视觉疲劳。可采用以下方法调和：调整色彩的纯度、明度，使色调统一，形成和谐的配色效果；在色彩间添加中间色彩，进行分隔，

以减缓色彩之间的强烈冲突；调整两个颜色的面积，使色彩有主次之分，避免两个色彩出现势均力敌的情况。

③配色过程中注意选择四角色的顺序，首先该考虑的是主角色，其次根据格调进行背景色的确定，最后搭配配角色和点缀色，这样的方式主体突出，不易产生混乱感，操作起来比较简单。

任务二　破解风格

风格解析

导购员在平时销售工作中对于产品的专业表达往往会出现以下问题：在进行产品描述时能说出大致的风格，但对风格的具体特征表达不精准；进行产品描述时，想讲一些风格背后的故事来感染顾客，但对风格、历史文化渊源又不太了解；进行顾客的生活方式与整体空间风格融合时，没有专业说服力。

出现这些问题的原因是我们对风格文化特征了解得不够清晰和透彻，了解风格知识可以提高辨识能力，例如从附图2-29所示壁纸上的纹样，是否能判断出它是什么样的风格体系，图中的家具，是否能够很快指出它是什么样风格的。了解不同风格的知识还可以提高应用能力，如附图2-30所示，顾客想要新中式风格的家居空间，家具导购员就需要知道新中式风格有哪些元素特征，比如墙面、顶面、地面、家具、纹样等这些特征分别是什么。掌握风格元素特征不仅能体现导购员的专业性，同时可以提升签单率。

一、风格种类

风格种类和流派有很多，大致分为东方风格和西方风格，目前主要流行的有欧式古典风格、欧式新古典风格、美式风格、现代风格、地中海风格、东南亚风格、新中式风格，以及近些年的轻奢风格等。想要掌握这些风格，就需要我们了解风格成因并掌握风格特征。

二、风格特征

了解风格特征可以从室外、室内、色彩、家具等方面入手，以地中海风格为例。

1. 室外

家居室内风格特征往往受到建筑的影响，想要了解一种风格的特征就要从建筑入手。以地中海风格为例，众所周知的特征就是穹顶，穹顶是受到了罗马时期的影响，罗马时期的建筑特点因为和当地的气候、地理环境相吻合而保留了下来，巨大穹顶和拱券吊顶成为地中海风格的特色，如附图2-31所示。

附图2-29　提高辨识能力

附图2-30　提高应用能力

附图2-31　室外影响室内

附图2-32　顶面

2. 室内

（1）顶面

在地中海风格的室内，顶面通常会用到一些木梁装饰，稍稍去掉皮或者刷一些抹灰、白漆等，如附图2-32所示。

（2）墙面

受建筑的影响，墙面棱角大部分都被抹圆了，造型浑圆，如附图2-33所示，墙面上经常出现一些半穿凿或穿凿的壁龛、壁炉，造型上保持粗犷的浑圆状态，如附图2-34和附图2-35所示。在材料上，运用原木、鹅卵石、贝壳等原生态材料装饰。

（3）地面

地中海风格地面大多使用石材，铺装方式多用方形的瓷砖斜角拼贴拼接，结合鹅卵石或马赛克装饰，如附图2-36所示。

（4）家具

家具多以低饱和度的色彩为主，一般用土黄、红褐、土红等，线条简单并且多元，会有明显的地中海风情。第一类是具有沧桑感的家具，漆面做旧处理，如附图2-37所示；第二类是手工编织的草垫，如附图2-38所示，体现地中海风格非常质朴的特点；第三类是布艺软包类家具，如附图2-39所示，布艺软包家具也是常见的，材质多用棉麻，纹样图案有条纹、格子和小碎花；第四类是铁艺或藤编的家具，如附图2-40所示，多用卷曲的植物纹样。以上四种都是地中海风格中典型的家具。

（5）布艺

色彩低彩度，材质上多用棉麻类，轻盈飘逸，非常舒适。地中海地区纺织业非常发达，有大量的手工织品，如附图2-41所示。

（6）灯饰

受自然环境的影响，地中海风格灯

附图2-33　造型浑圆

附图2-34　壁龛

附图2-35　壁炉

附图2-36　地面

附图2-37　做旧家具

附图2-38　草垫

附图2-39　布艺软包家具

附图2-40　铁艺家具

附图2-41　布艺

附图2-42　灯饰

附图2-43　画品和饰品

饰在造型和纹样装饰上形态自然，如附图2-42所示。

（7）画品和饰品

结合生活方式，墙面画品装饰当中会有很多宗教的题材。墙面、空间饰品也经常与海洋有关，比如蓝色、锚、船等，如附图2-43所示。

（8）绿植

地中海地区有较多爬藤类植物或者一些小型的花卉，如附图2-44所示。

附图2-44　绿植

附图2-45 蓝白色系

附图2-46 蓝紫色系

附图2-47 土黄、红褐色系

（9）色彩

地中海风格有三个色彩体系：第一种，以蓝白为主体色调，营造大海、蓝天、白云的自然风光，如附图2-45所示；第二种，受普罗旺斯的薰衣草庄园影响的法国南部和意大利南部地区的蓝紫色系，如附图2-46所示；第三种，北方沙漠地带的土黄、红褐色系，如附图2-47所示。

家具导购员掌握了风格特征，可以通过造型、色彩、材质、纹样四个方面进行专业的设计与表达，提升专业水平，以获得顾客的信赖。同样，对于其他家居风格依旧可以采用这样的方式来了解、学习和掌握。

任务三 平面动线规划

家居动线关系到空间的合理性，要按照家庭的生活习惯来设计。为顾客规划合理的动线，让家居空间做到最优化使用，也是导购员的必备技能。

动线

一、动线定义

动线，又称为流线，是指人们在家居空间内移动的轨迹。在空间内，人在某一区域停留或活动用点来表示，将这些点连接起来就成为动线。动线将人的行为在一定的空间组织起来，即通过人的行动轨迹进行空间的分割，进而划分空间的功能区域。空间动线的合理与否影响后续家具等产品的布置及摆放，也影响空间使用率。动线如附图2-48所示。

二、动线类型

想要合理规划动线，应明确家居空间内动线的基本类型。根据家居空间内可能出现的人员类别和活动方式，将家居动线大致分为居住动线、访客动线、家务动线，如附图2-49所示。

1. 居住动线

在家居空间中，家人在家居空间的动线存在于客厅、卧室、卫生间、书房等空间。在设计动线的过程

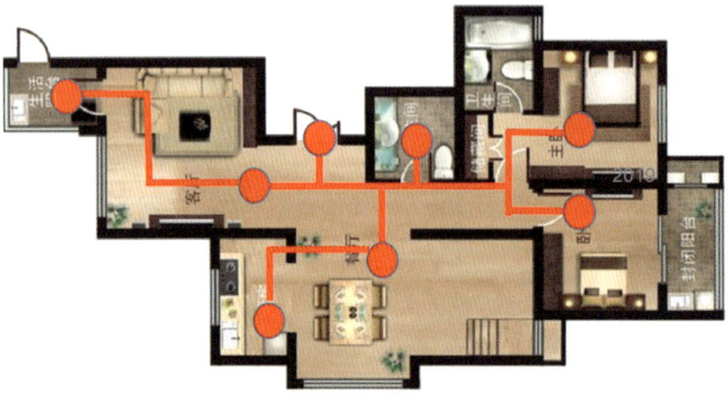

附图2-48　动线

附图2-49　动线类型

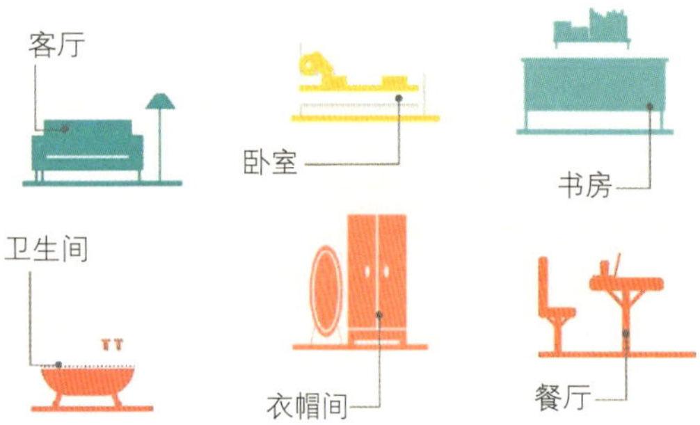

附图2-50　居住动线

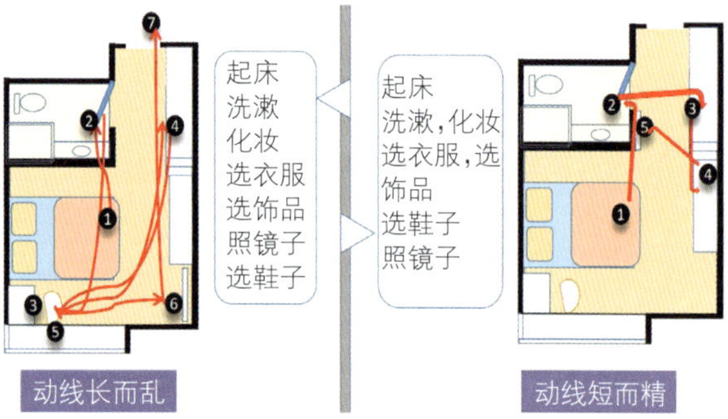

附图2-51　女主人早上起床动线

中，要了解使用者的生活习惯，设计符合一家人生活方式的动线，如附图2-50所示。

以女主人每天早上的日常活动为例。起床—穿衣—洗漱（化妆）—吃早饭—换鞋—出门是一般流程。在动线设计上，要保证完成这些动作路径最短、用时最少，如附图2-51所示。很多女士因为要化妆，掌握不好时间，每天早上都徘徊在迟到的边缘，争分夺秒冲出家门。如果动线简单而且短，则可井井有条。

2. 访客动线

访客动线是家中来访的客人在家居空间的行动路线，以客厅、餐厅、卫生间区域为主。在规划访客动线的过程中，应该注意访客动线不宜与居住动线、家务动线交叉，避免客人到访对主人的活动造成打扰。基于此，在规划访客动线时，尽量以客厅、公共卫生间、餐厅等公共区域为主。在现代家居空间中，通常起居室和客厅兼具同样功能，在规划时就要保证访客动线合理，能在客厅空间进行接待、休息、休闲等活动，如附图2-52所示。

3. 家务动线

家务动线在进行家务的过程中形成，是最烦琐的。最常进行的活动是洗菜、洗衣服、做饭、打扫等，所涉及的空间主要集中在厨房、卫生间等区域。在家务劳动中，动线如果繁复杂乱，就会更辛苦。家务动线设计主要集中在两个地点：一个是洗衣区域，另一个是厨房区域。

洗衣区域，即洗衣晾晒动线，这个动线简单、直接，洗完衣物直接晾晒才能省时省力，如附图2-53所示。

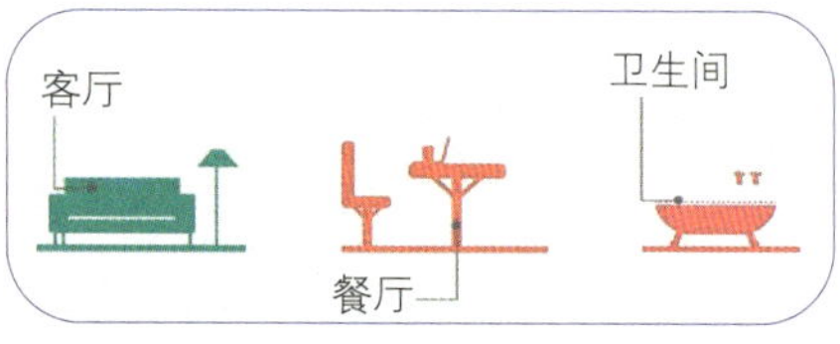

附图2-52　访客动线

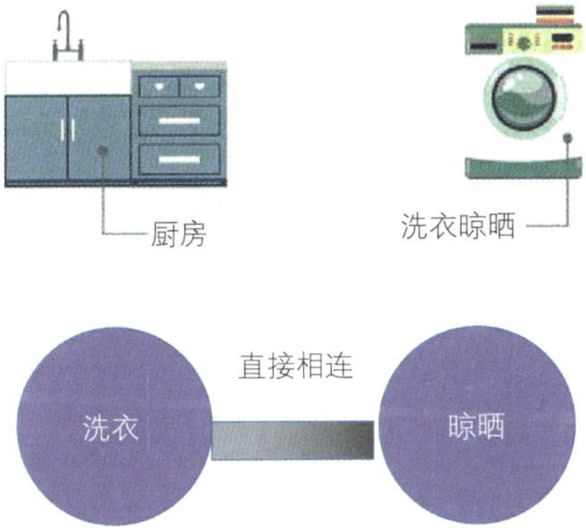

附图2-53 家务动线

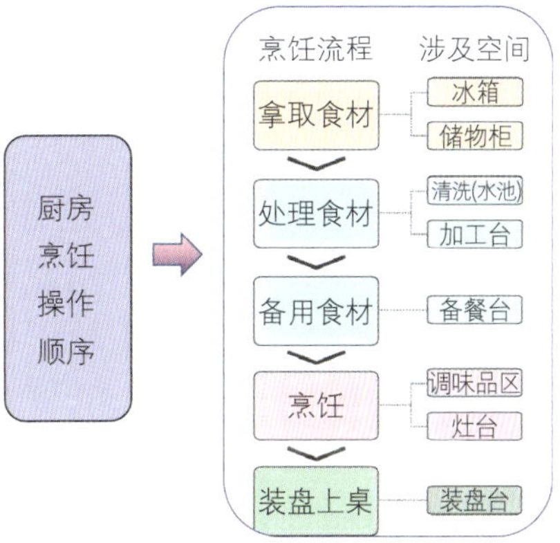

附图2-54 厨房动线流程

附图2-55 一字形厨房

附图2-56 L形橱柜

厨房区域的动线设计相对比较复杂，要依据拿取食材、处理食材、备用食材、烹饪等下厨顺序来设计，使储存、清洗、料理三道工序合理、简洁，保证在厨房空间的活动省时、省力，提高工作效率，如附图2-54所示。

根据厨房形式进行规划，例如一字形厨房规划动线可以选择“冰箱（储藏区）—水槽—炉具”的顺序，使用过程会更流畅，如附图2-55所示。L形橱柜，进门的地方作为储物空间，然后依照动线进行设计，如附图2-56所示。

三、动线规划原则

1. 动线流畅

直线简洁，在后续放置家具的过程中，能够留有足够的活动空间，例如放置餐桌，需要在餐桌附近留有可以抽拉餐椅的空间，餐厅空间动线规划要有足够的空间，确保动线简洁流畅。其他空间同理，动线简洁，使人活动流畅。

2. 主人动线与客人动线不宜交叉

家务、访客、居住三条动线不交叉，是动线设计中良好的状态。家居空间有限，要保证家居环境的舒适性和私密性，就需要避免主人与客人动线的交叉。访客动线发生的区域包括客厅、餐厅、卫生间以及书房空间等，以客厅空间为主，餐厅、卫生间等次之，在规划动线时以开阔为宜，并避免与卧室等私密空间发生交叉。例如卧室门正对客厅，客人落座后，卧室空间一览无余，毫无私密性。

3. 家务动线简短合理

家务动线越短意味着做家务越省事。简单合理的家务动线能够提高做家务的效率，使家居空间干净、整洁，并得到

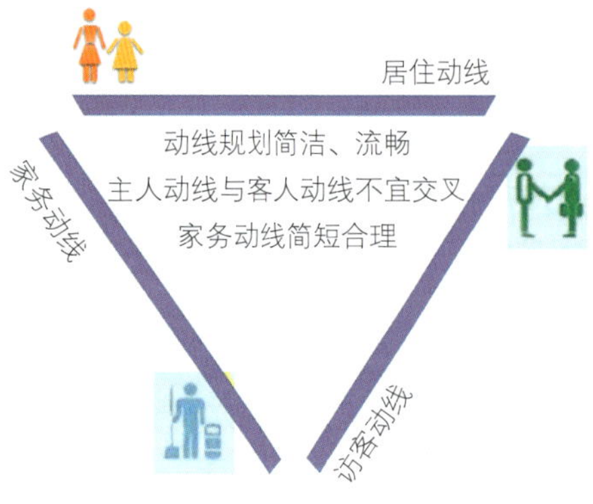

附图2-57　动线规划注意事项

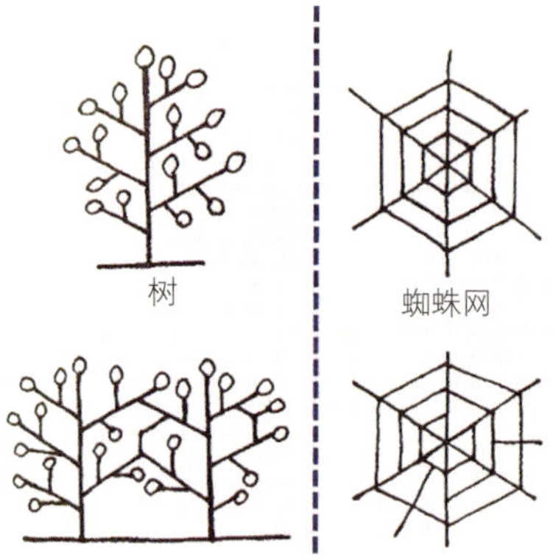

附图2-58　动线的长短

有效利用，如附图2-57所示。

家居动线有长短之分，长路线（不合理动线）好比树结构，如果想从一条枝杈去到另一条枝杈，就必须原路返回到主路再走。短路线（合理动线）可以看成蜘蛛网结构，四通八达，不用退回到主路就可以到达其他地方，哪怕是破损一两条蛛丝也没关系，如附图2-58所示。短路线让家居动线更灵活，若家居动线过长，家中成员坐在沙发上看电视节目，其他人因为做家务不得不在电视机前往返，就会造成不便。

任务四　陈设摆放

无论是家居卖场还是顾客家中，产品功能及陈设合理、装饰美观舒适，都可给人带来愉悦感，家居陈设品的摆放也是导购员应该掌握的技巧。

陈设摆放

一、陈设摆放原则

1. 功能性原则

陈设品摆放时，往往考虑的是艺术性和装饰性，但是再完美的事物如果抛开使用功能都是不合理的，在家居空间陈设的过程中任何一件产品都有其存在的必要性，在使用功能得到满足的前提下，再考虑陈设的其他作用。

2. 协调统一原则

产品的摆放形式与布局要与空间主体设计和整体环境协调一致，从材质、色彩、造型、纹样等多方面进行考虑，与家居空间的风格基调相统一，为营造空间主题氛围而服务。

3. 比例原则

选择陈设品时，要遵循美学原则，与室内空间尺度形成良好的比例关系。在产品摆放的过程中，能够遵循对称、节奏、韵律、平衡、稳定等美学原则进行设计，给人以空间的和谐美感。

4. 空间层次原则

摆放产品时要注意主次得当，以增加室内空间的层次感。主体产品摆放能够形成一个视觉中心点，其他产品处于辅助地位，增加产品在空间和视觉上的层次感。

二、陈设摆放注意事项

1. 不得破坏硬装效果

在产品摆放的过程中，要注意避免破坏家居空间各个界面的装饰效果，搬动软装产品也要轻拿轻放，避免磕碰和损坏，避免破坏地面、墙面、门窗等硬装效果。

2. 大件产品尽量一步到位，不宜随便改动

从产品落地到拆包陈设过程中，对于体量较大的家居产品要尽量做到一步到位，避免来回移动。

3. 要注意软装产品陈设状态

产品布置完后，要确保使用状态完好，例如：灯具开关是否正常，窗帘可否自如拉动，花品、饰品等摆放是否稳妥，是否影响家具产品的使用；床品布艺要叠放整齐，窗帘收起后注意防尘，抱枕摆放状态得当。

三、案例分析

（一）卧室空间陈设与摆放

1. 床品的摆放

床作为卧室空间的主体家具，床品摆放则成为重点，如附图2-59所示。卧室床品摆放步骤：

①摆放欧枕：为了体现气势感，利用欧枕和床面、床靠进行搭配，选用2～3个60cm大号欧枕放在床靠第一层，摆放时不需要做太多的变化，力求平整、两边对称即可。

②摆放靠枕：颜色选择要和床背色彩形成一种层次感，并与周围环境呼应，摆放时要考虑左右距离尺寸要均等。

③摆放睡枕：尽量选择与欧枕色彩相似的睡枕，摆放时不要完全盖住上一层，放眼望去要有一层一层的层次感。

④摆放视觉焦点腰枕：腰枕的形状有很多种，在摆场的过程中，主要起到画龙点睛的作用，一般用颜色比较跳的色彩，可以选择一个腰枕或者两个40cm标准欧枕。

2. 床头柜的摆放

①床头柜高度要和床垫的高度保持一致。

②摆放大体量的垂直饰品，固定床头柜位置后，先确定床头柜上占主体地位的最高的垂直饰品，例如最实用的灯具。灯具的选择也要注意高度，打开台灯后，光线照要在人的眼睛以下。

③摆放能突破垂直造型的方正产品，例如相框，但要与整体空间格调统一。

④摆放水平饰品，例如书或者装饰盒，让空间形成阶梯层次感。

⑤点缀，选择装饰品来点缀，可使用植物，给生活中增添一抹情调，如附图2-60所示。

（二）客厅空间陈设与摆放

1. 沙发的摆放与布局

沙发作为客厅空间的主体产品，往往不是单一存在的，常以组合形式出现，

附图2-59　床品的摆放案例

沙发的组合与布局需要精心设计。常见的陈设方式有以下几种：

（1）平行布局方式

平行布局比较适用于小型空间，给人井然有序之感，有利于和家人、朋友保持面对面的交流和沟通，如附图2-61所示。

附图2-60 床头柜的摆放案例

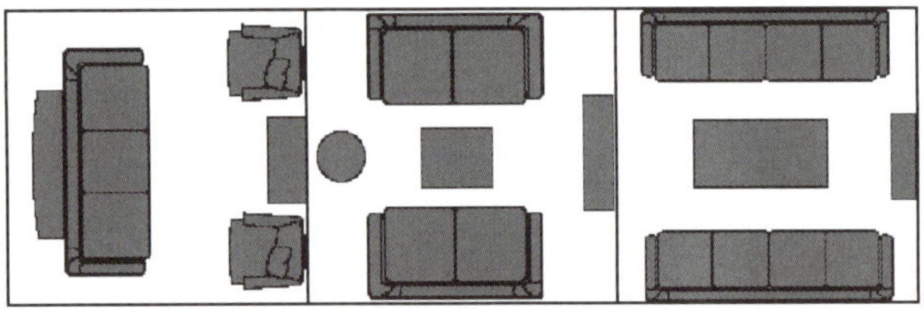

附图2-61 沙发的平行布局方式

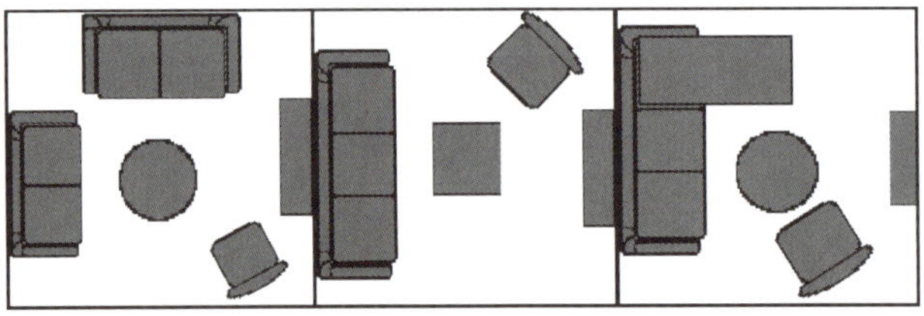

附图2-62 沙发的L形布局方式

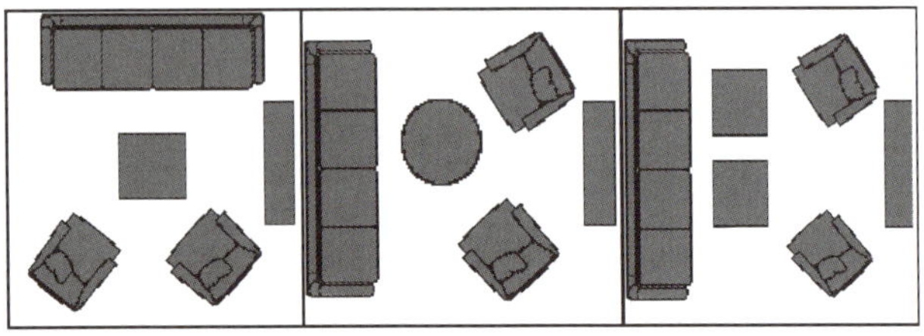

附图2-63 沙发的U形布局方式

（2）L形布局

L形转角式沙发的布局形式多变，适合较为时尚的家居设计，使空间得到充分利用，通常由多个或单个沙发组合成“转角式”，可根据需要变换布局，具有可移动、变更等特点。主位采用沙发，客位可以采用沙发、零散的圆凳或单人沙发灵活补充，也可以在主位直接采用L形沙发进行布置，如附图2-62所示。

（3）U形布局

U形布局又称为围合布局，这种布局适合较大的空间。U形布局能够在大的空间内将人集聚在一起，能够依靠家居形成软性家居空间分割的作用，适合户型较大、人口较多的情况，具有良好的私密性，如附图2-63所示。

2. 茶几台面的摆放

茶几作为客厅空间的视觉中心，如附图2-64所示。摆放步骤如下：

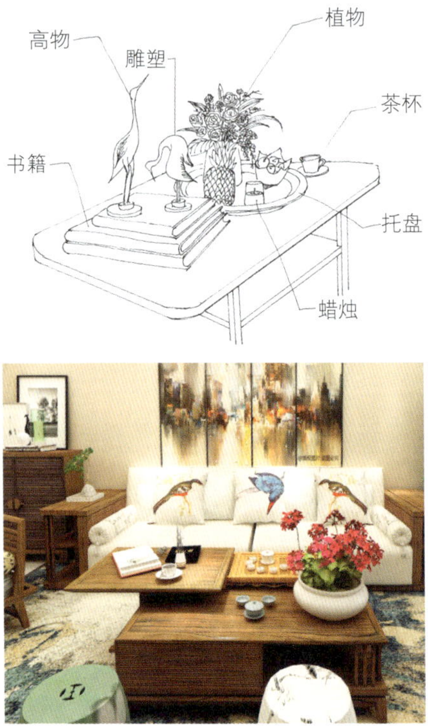

附图2-64 茶几台面摆放案例

①摆放与茶几平行的托盘，将茶几台面上的书刊、遥控器等物品归类放置在托盘中。

②摆放高且有线条感的物品，营造出不同高度的视觉效果，丰富空间视觉层次，例如花瓶、烛台或者其他装饰品。

③摆放新鲜的绿色植物或花卉，营造大自然的感觉。

④摆放书籍，传达主人的生活方式。可选择精装书等，也可选择个性产品，如茶几上放一件有趣的雕塑类或者古怪的装饰品。

3. 挂画的陈设摆放

准备安装材料，包括手套、卷尺、铅笔、钉子、水平仪。钉子可以根据不同的墙面来定：水泥墙体使用钢钉，普通墙体使用无痕钉，如附图2-65所示。

画品间距、挂画的宽度及位置需要视空间中的家具而定，如附图2-66所示，根据实际情况调整画的宽度，通常以墙面或者家具的长度为依据，以主体家具的2/3为宜。

画品陈设形式有以下几种：

①左右对称挂法：画品内容的选择最好以同一色调或者同一系列图效果更佳，如附图2-67所示。

②重复挂法：重复同一个尺寸的装饰画，画间距不超过画面1/4，重复挂画具有较强的视觉效果和视觉冲击力，但是不太适合过长的房间，否则会显得空间很局促，重复挂法如附图2-68所示。

③对角线挂法：适合楼梯及个性空间使用，对角线挂法是沿着45°进行斜切，两个角一定要对称一致，这样才不会导致画面凌乱，如附图2-69所示。

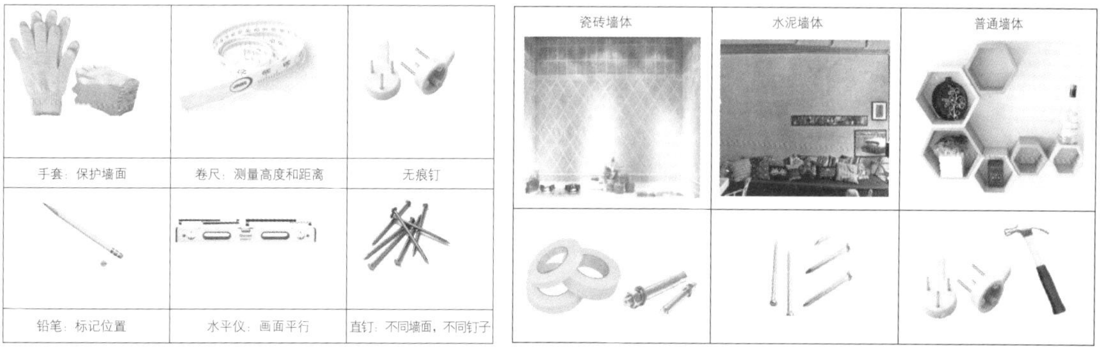

附图2-65　安装工具

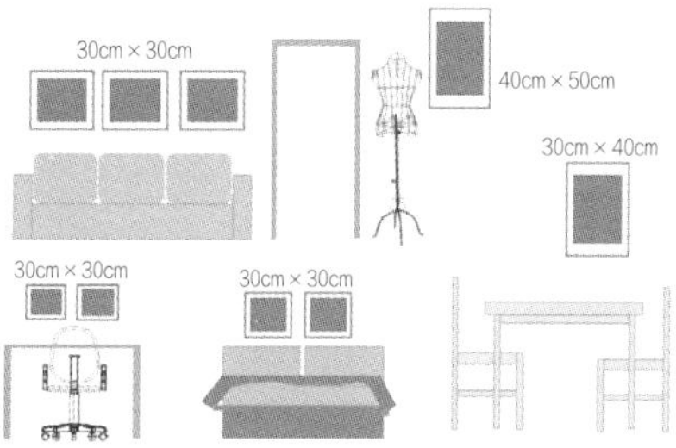

附图2-66　挂画位置

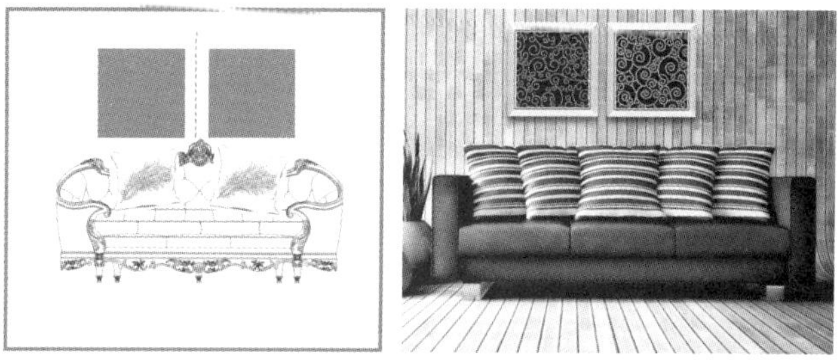

附图2-67　左右对称法

附图2-68　重复挂法

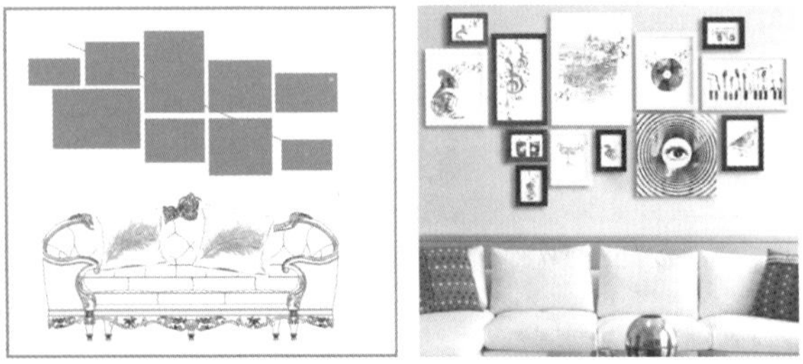

附图2-69　对角线挂法

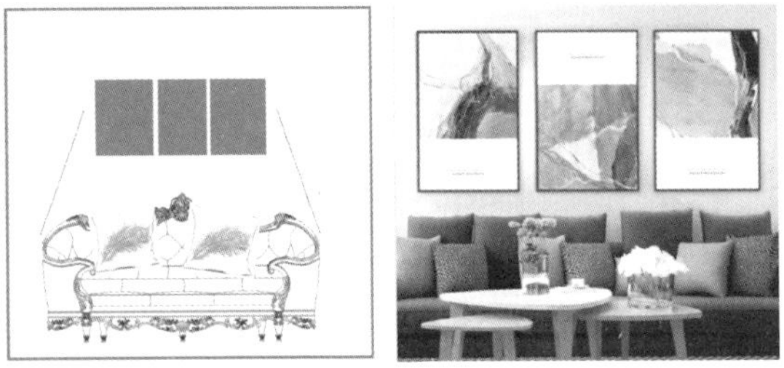

附图2-70　均衡挂法

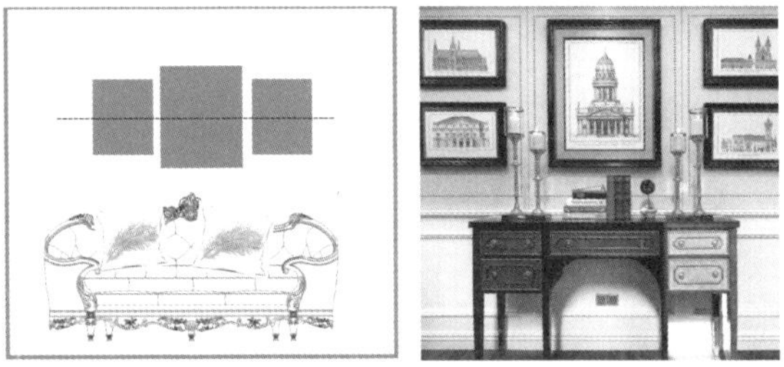

附图2-71　中线挂法

④均衡挂法：均衡分布，选择同一色调或者同一系列的内容，这样能使整个画面更加和谐，均衡挂法如附图2-70所示。

⑤中线挂法：上下两排装饰画集中在一条水平线上，以上下分布来均衡调节，整体感、灵动性很强，又有一定的规则性，中线挂法如附图2-71所示。

参 考 文 献

[1] 王建敏，周杨，赵龙. 家具导购员[M]. 北京：中国轻工业出版社，2010.

[2] 陶涛. 家具市场新营销[M]. 北京：化学工业出版社，2020.

[3] 旷健玲，熊英. 消费心理与行为学[M]. 北京：电子工业出版社，2020.

[4] 魏巍. 销售礼仪与沟通技巧培训全书[M]. 北京：中国纺织出版社，2015.

[5] 元博. 服装这样卖才对：服装销售人员超级情景训练[M]. 北京：中国纺织出版社，2015.

[6] 沈毅. 设计师谈家居配色设计[M]. 北京：清华大学出版社，2012.

[7] 简名敏. 软装设计师手册[M]. 南京：江苏人民出版社，2011.

[8] 张绮曼，郑曙旸. 室内设计资料集[M]. 北京：中国建筑工业出版社，2015.

[9] 曹俊杰，姚爱莹，郝丽宇. 家居软装设计技巧[M]. 北京：中国轻工业出版社，2019.